FRAGMENTS

SUR

PARIS.

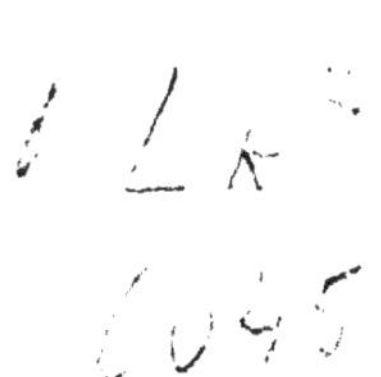

FRAGMENTS

SUR

PARIS,

PAR

FREDERIC JEAN LAURENT MEYER.

Docteur en Droit à Hambourg.

TRADUITS DE L'ALLEMAND.

PAR

LE GÉNÉRAL DUMOURIEZ.

TOME PREMIER.

HAMBOURG.

1798.

Préface du Traducteur.

CES Fragmens sur Paris, qui font autant d'honneur au cœur qu'à l'esprit de M. le Docteur Meyer, ayant eu le plus grand succès en Allemagne, & méritant surtout d'être répandus en France, j'ai cru devoir entreprendre de les traduire, pour les faire connaître à mes compatriotes.

Je souhaite pouvoir transmettre à ceux qui les liront dans la traduction, la sensation que m'a faite l'original. Errant & proscrit d'une patrie qui me doit ses premiers succès militaires & la fondation de sa liberté, je cherche à la retrouver, non pas dans les erreurs, les malheurs, les crimes de ceux qui l'ont gouvernée, mais dans le tableau consolant des savans & des vrais philosophes qui l'ont honorée.

TOME I.   a

Le D. M. s'est particulierement attaché à peindre la France littéraire & savante, & il a relevé par ses tableaux le goût des hommes sensibles & l'espoir des vrais Français. Un jour la frénésie des factions qui déchirent ma malheureuse patrie, s'éteindra : un jour la paix dissipera les rêves de l'ambition, de l'injustice & de la cruauté. Alors cette activité qui distingue la nation Française, cette flamme, qui tantôt la dévore par les excès où elle l'entraîne, tantôt alimente & exalte ses vertus, se tournera généralement vers les sciences, les arts, l'industrie & le commerce.

L'égalité, qui a détruit les priviléges nobiliaires, ne laissera plus aux Français d'autre objet d'ambition que celui de se distinguer par la supériorité de talens. L'orgueil du génie remplacera la vanité des titres. Il n'existera plus des classes de citoyens consacrées à l'oisiveté ; car la richesse des parvenus éphémeres se dis-

CES Fragmens sur Paris, qui font autant d'honneur au cœur qu'à l'esprit de M. le Docteur Meyer, ayant eu le plus grand succès en Allemagne, & méritant surtout d'être répandus en France, j'ai cru devoir entreprendre de les traduire, pour les faire connaître à mes compatriotes.

Je souhaite pouvoir transmettre à ceux qui les liront dans la traduction, la sensation que m'a faite l'original. Errant & proscrit d'une patrie qui me doit ses premiers succès militaires & la fondation de sa liberté, je cherche à la retrouver, non pas dans les erreurs, les malheurs, les crimes de ceux qui l'ont gouvernée, mais dans le tableau consolant des savans & des vrais philosophes qui l'ont honorée.

Le D. M. s'est particulierement attaché à peindre la France littéraire & savante, & il a relevé par ses tableaux le goût des hommes sensibles & l'espoir des vrais Français. Un jour la frénésie des factions qui déchirent ma malheureuse patrie, s'éteindra : un jour la paix dissipera les rêves de l'ambition, de l'injustice & de la cruauté. Alors cette activité qui distingue la nation Française, cette flamme, qui tantôt la dévore par les excès où elle l'entraîne, tantôt alimente & exalte ses vertus, se tournera généralement vers les sciences, les arts, l'industrie & le commerce.

L'égalité, qui a détruit les priviléges nobiliaires, ne laissera plus aux Français d'autre objet d'ambition que celui de se distinguer par la supériorité de talens. L'orgueil du génie remplacera la vanité des titres. Il n'existera plus des classes de citoyens consacrées à l'oisiveté ; car la richesse des parvenus éphémeres se dissipera aussi rapidement qu'elle s'acquit. On ne connaîtra donc plus de distinction que celle des dignités publiques temporaires et celle des talens en tout genre.

Tel est le tableau philosophique que l'on peut se figurer de l'état futur de la France, *lorsqu'elle aura d'excellentes lois organiques*, comme l'a dit très-sagement le célebre Buonaparte, au Directoire Français, le 10 Décembre 1797.

Si le démon révolutionnaire cesse un jour de planer sur la France, alors les mœurs seront facilement adoucies par la vraie philosophie, compagne des sciences : tous les genres de fanatisme seront épuisés & sans force : les gouvernans chercheront à se rendre dignes d'une nation éclairée & pensante : elle-même choisira ses représentans & ses administrateurs parmi les hommes instruits & irréprochables : la honte des crimes de sa révolution sera effacée par ses longues souffrances & ses

regrets : il ne lui restera que la gloire ac-
quise par les armes & par les sciences : la
sagesse & la modération seront les causes
de cette métamorphose, & le bonheur
public & particulier en sera le résultat.

Alors le peuple Français jouira tranquillement de ses vertus : il connaîtra la
nécessité de la tolérance philosophique :
il laissera les peuples & les gouvernemens
en paix : il n'agitera plus l'Europe par ses
prédications armées : il rappellera dans son
sein les victimes innocentes du fanatisme
révolutionnaire & de la tyrannie, & les
hommes utiles sacrifiés aux factions.

Il existe en pays étranger un grand
nombre d'excellens citoyens, qui ne per-
dront jamais ce titre honorable, quoiqu'ils
en ayent été dépouillés par des décrets
dictés par la haine injuste & la fureur
aveugle. Portant leur patrie dans leur
cœur, pleurant sur les crimes qui l'ont
outragée, triomphant des victoires qui

l'honorent, glorieux des progrès des arts
& des sciences qui la distinguent, ils seront
un jour jugés par le peuple Français, revenu de sa fanatique ivresse, & ils ser-
viront encore à sa gloire.

Pour arriver à ce terme désiré de la
félicité publique, on doit souhaiter voir
d'abord la morale, dont on parle tant,
n'être plus un vain étalage de phrases
bannales, continuellement contredit par
ce qui s'est longtems passé, soit dans l'administration des affaires intérieures, soit
dans la politique nationale extérieure.
Comme c'est de l'époque de la paix, que
la France doit & peut donner à l'Europe,
que datera cette renaissance nationale,
c'est de la maniere dont ses plénipoten-
tiaires la conclueront, qu'on pourra juger
de la proximité ou de l'éloignement de ce
terme des excès, des erreurs & des crimes.

Si le gouvernement Français, aveuglé
par ses succès, abuse de sa supériorité pour

dicter une paix injuste, il perpétuera le germe de guerres & des désordres. L'anarchie, masquée sous le nom sacré de la liberté, s'étendra dans toute l'Europe, mais elle n'en consumera pas moins le foyer où elle a pris naissance.

C'est donc à Rastadt que va être décidé le sort de ma patrie, plus encore que celui de quelques faibles provinces, qui craignent de démembremens & des partages, dont l'injustice ne peut être consommée, ou empêchée, que par le machiavélisme ou l'équité des Français.

Si le gouvernement de la France se pénètre bien de la majesté du rôle par lequel la nation peut terminer le cours glorieux de ses victoires, l'Europe lui devra sa tranquillité, & la liberté Française sera d'autant plus solide qu'elle aura la vertu pour bâse. Sinon, les guerres dévorantes se succéderont rapidement ; elles seront justes & nationales contre l'oppression.

Cet état perpétuel de guerre, qui a dévoré la République Romaine, après avoir fait sa gloire, est un fléau vengeur que la Providence répand sur les ambitieux & les méchans.

Il est tems que la France remplace les arts de la guerre par ceux de la paix, l'agitation des combats par la tranquillité civile, l'ambition des conquêtes par la modération des lois bienfaisantes. Les sciences & les arts sont le lien le plus fort de la philantropie, seul mobile digne d'une nation libre & grande, qui doit par sa bienfaisance faire oublier la supériorité de sa puissance. Mais les sciences & les arts ne doivent pas être seulement une occupation orgueilleuse de l'esprit ; elles doivent principalement influer sur les âmes & les rendre meilleures.

C'est le vœu que le D. M. a exprimé avec une bien grande sensibilité & beaucoup de justesse à la fin du chapitre des

Ecoles Centrales, tom. II. ; lorsqu'il regrette de voir qu'on a oublié d'établir des professeurs & des cours de morale dans le nouveau plan d'éducation nationale. Ce vœu s'accorde avec l'idée favorable que cet estimable auteur s'en faite de la France & de sa révolution. Il a vu quelquefois les objets au travers du prisme de son cœur, alors ses jugemens sont pleins d'une effusion que tous les lecteurs voudraient pouvoir partager. Il vaut cependant encore mieux juger comme lui avec indulgence, que critiquer avec une amertume outrée une peuple agité d'une fievre révolutionnaire, qui, lorsque cette crise trop violente & trop longue sera passée, reprendra la douceur & la franc e gaieté qui l'ont toujours caractérisé, quand il n'a pas été jetté hors de sa sphere par le fanatisme politique ou religieux.

La Providence, bravée par un *philosophisme* hardi, méconnue par des hommes dont les viles passions éteignent le senti-

ment intime, veille sur la nation Fran‑
çaise, & la ramenera vers sa dignité. Nul
ne peut calculer les ressorts qu'elle em‑
ploiera. Le mépris dans lequel est tombé
le terrorisme est l'avant-coureur d'une ré‑
forme salutaire. Puisse t-elle n'être pas
éloignée ! Puissent bientôt les Français
vivre libres & unis sous un gouvernement
sage, juste & solide !

Tels sont mes vœux les plus ardens.
Tous les événemens de ma vie me lient à
ma patrie. Je dirai toujours comme *Ar‑
gire* dans la tragédie de *Tancrede* :

> J'ai pendant quarante ans combattu pour l'état,
> Je le servis injuste, & le chéris ingrat ;
> Je dois penser ainsi jusqu'à ma derniere heure.

26 *Décembre,* 1797.   DUMOURIEZ.

Table des Matieres.

(xii)

FRAGMENTS

FRAGMENTS SUR PARIS.

ARRIVÉE À PARIS.

UNE heure après minuit sonnait, lorsque nous sommes entrés dans Paris, le 31 Mars 1796. La solitude la plus profonde régnait dans les rues. Ce silence de la mort n'était interrompu que par les pas de nos chevaux & le roulement de notre voiture sur le pavé. La sombre lueur des lanternes plongeait sur nous ; Paris dormait, jusqu'aux gardes des barrières ; nous ne fumes point arrêtés.

Arrivé dans le superbe hôtel *Maison Grange Bateliere*, appartenant avant la Révolution au Président Pinon, transformé en auberge par un ci-devant tailleur de la Reine, je me mis le matin à la fenêtre pour voir le réveil de Paris Républicain, pour le comparer au bruyant tumulte de Paris Monarchique, que j'avais souvent observé à la même heure. Mes regards tomberent sur le beau jardin de cette maison, formant un grand parterre de fleurs, environné de promenades, de grands arbres & de bosquets en labyrinthes. La vue d'un jardin n'avait rien en ce moment de piquant pour ma curiosité, c'était Paris que je voulais voir. Cependant l'aspect tranquille de ce jardin m'offrit par la suite beaucoup d'agrément au milieu des vapeurs & du vacarme de cette ville, en présentant devant ma fenêtre, au lever de l'aurore, ou au coucher du soleil, la brillante robe du printems, embellie par le chant des rossignols.

Passeports, Cartes de Sûreté.

NOTRE hôte nous avertit dès le matin que notre premier devoir était, comme étrangers, d'exhiber nos passeports pour les faire échanger contre des cartes d'étrangers. Un ordre de la police émané depuis peu assujettissait les aubergistes à cette mesure, ils ne pouvaient pas se dispenser d'avertir leurs hôtes de la nécessité de se soumettre à cette loi républicaine. Elle ordonnait à chaque étranger de se présenter devant la municipalité de Paris, accompagné de deux bons citoyens. Nous étions cinq, en comptant nos domestiques, ce qui aurait exigé dix témoins. Nous lui fîmes cette observation : *Soyez sans inquiétude*, nous ajouta-t-il, avec confiance, *je vous suffirai.* Ce brave homme accumulant sur lui la responsabilité morale de dix bons citoyens, se présenta à la municipalité comme caution de notre civisme, & fut accepté.

Avec la meilleure volonté de se soumettre aux ordres de la police, il n'y a rien de plus insupportable à Paris, ainsi que dans toutes les villes, grandes ou petites, de la France, que cette comparution officielle devant la municipalité. La mal-propreté la plus dégoûtante, l'odeur la plus méphitique empoisonnent les avenues, les antichambres & les bureaux mêmes ; ajoutez la plus crasse ignorance, même de lire & d'écrire, l'extérieur le plus négligé des employés municipaux, un manque total de connaissances, même de la simple méchanique de leurs fonctions. C'est dans de tels appartements & par de tels hommes que l'étranger est reçu : heureux s'il en est quitte pour la perte de quelques heures, car souvent, victime de ces irrégularités, il est renvoyé d'un bureau à l'autre, & long-tems ballotté, pendant que des hommes se querellent & disputent pour décider par qui & comment la loi doit être exécutée. L'or-donnance trop vague de la police occasionnait alors cette confusion, & exigeait beaucoup de tems de la part des commis pour épeler ce prolixe réglement & s'accoutumer à s'y con-former.

(5)

En général, le personnel de ces fonctionnaires publics n'était gueres mieux composé
à Paris que dans les départements. Dans le
bureau de notre section, (celle du Mont-
Blanc), où nous fumes d'abord menés pour
faire viser nos passeports, nous trouvâmes la
même mal-propreté dans les lieux & dans
les hommes que sur notre route. Nous ap-
perçumes plus de régularité dans le second
bureau, où les passeports furent souscrits une
seconde fois & estampillés. Les employés y
étaient plus civils, revêtus de leurs écharpes
tricolores. De là il fallut aller au bureau
central de Paris, à la maison commune, ci-devant le Palais de la Justice ; nous y passâmes
encore au travers de trois bureaux, pour reviser
& signer nos passeports, & enfin pour l'inscription & la livraison de nos passeports qui
furent échangés contre des cartes, le palla-
dium de la sûreté de Paris. Dans ce dernier
bureau, un des secrétaires, pour nous donner
sans doute une idée de ses connaissances géo-
graphiques, voyant sur nos passeports le nom
de Hambourg notre patrie, nous demanda si

Hambourg était une ville de commerce, &
si on y parlait Allemand. Il est à remarquer
que cet homme nous interrogeait en Allemand, & qu'il ajouta qu'il avait passé plusieurs années en Allemagne. D'après cette
contradiction, nous aurions pû prendre sa
question pour une satyre, si l'homme eût été
plus malin, & si nous n'eussions pas déjà
rencontré des exemples semblables de la plus
grossiere ignorance dans ces employés.

Cette derniere affaire de la confection de
nos cartes d'étrangers dura une heure & demie
dans le local le plus dégoûtant de tous ceux
où nous avions été introduits, avec des murailles noircies par la fumée, des fenêtres obs-
curcies par la crotte & la poussiere, un pavé
de pierres couvert de boue, dans laquelle nos
pieds s'engluaient, des bancs couverts d'or-
dure, & une odeur pestilentielle de catacombes.
Je n'ai jamais ressenti plus cruellement le sup-
plice d'attendre que dans ce détestable bureau. Je sortis de la chambre un moment
pour respirer un meilleur air ; mais le lugubre
son de chaînes & d'armes que j'entendis

venant d'un corridor obscur, me fit reculer ;
deux criminels enchaînés, accompagnés d'une
garde, me suivirent jusque dans la chambre.
Que viennent faire ces malheureux dans le
lieu où l'on délivre les cartes de sûreté, dis-
je à un assistant déguenillé ? Ne vous dé-
rangez pas, me répondit-il, ce sont des assassins & voleurs de grands chemins qui vont
recevoir leur sentence dans la chambre voi-
sine. Ils furent emmenés, & guillottinés le
lendemain. Des assassins enchaînés ! quel
tableau de sûreté publique on *présente* aux
étrangers dans l'antichambre du tribunal criminel ! Il est inimaginable qu'on permette de
pareilles inconvenances, & que l'hospitalité
républicaine destine aux étrangers un lieu de
réception aussi révoltant, qui leur laisse des
impressions effrayantes.

Les Rues.

LE tumulte des rues de Paris que Boileau a chanté dans une de ses satyres, & qu'on a quelquefois trop exagéré, quelque fortes qu'en aient été les fréquentes descriptions, n'existe plus, & le contraste en était frappant*. Là où les gens de pied étaient presqu'écrasés par la foule, en danger d'être roués ou estropiés par les carrosses, les cabriolets, les charrettes & les chevaux, où au moins ils étaient couverts de boue, dans les rues les plus peuplées, Dauphine, Montmartre, Honoré, Denis, & de la Loi (ci-devant Richelieu), on marche à présent à son aise & en sûreté : là où l'on perdait deux heures en voiture pour faire une demi-lieue, au travers des embarras des carrosses & des charrettes, des cris & des jurements des cochers & des charrettiers, on ne trouve à présent, même dans les rues les plus étroites,

---

* Ici, comme dans le reste de ces fragments, je peins Paris comme je l'ai trouvé, & non pas peut-être comme il est devenu depuis mon séjour, ou comme il deviendra d'après ses vicissitudes continuelles.

aucun obstacle. Un jour, dans l'hiver de 1784, traversant en voiture le Pont-Neuf, comme je tournais le Quai Conti, le fameux Duc d'Orléans qui arrivait derriere à toute bride, dans son phaéton attelé de quatre chevaux, voulant entrer dans la rue Dauphine, accrocha les roues de ma malheureuse voiture avec tant de violence qu'elle fut renversée, & que j'en sortis avec une légere contusion, ayant eu mon cocher & mon laquais de louage fort blessés. Ces aventures, si fréquentes alors, n'arrivent plus ; il n'existe plus de ces êtres arrogants qui pouvaient voir avec indifférence un homme écrasé par leurs chevaux.

Dans la rue de la Loi, qui a une demi-lieue de longueur, jadis si vivante à cause des théâtres, des hôtels particuliers, ou garnis & du Palais Royal, je n'ai compté pendant l'heure de l'après-midi la plus active, outre la file de fiacres stationnés des deux côtés, que vingt voitures : huit fiacres traînés par des chevaux boiteux, neuf cabriolets plus lestes & trois carrosses de particuliers. Ce n'était certainement pas la vingtieme partie des voitures qu'on y voyait autrefois. Elle était vivifiée par un assez grand nombre de gens de pied, mais jamais de foule. Il avait plu pendant quelques jours, cependant le pavé était très-pratiquable, pendant qu'autrefois, au bout d'une demi-heure de pluie, on ne pouvait traverser cette rue qu'en bottes. Excepté les voitures des ministres étrangers, on n'en rencontre aucune qui se distingue par l'élégance, la magnificence, ou la beauté. Quand les Directeurs & les ministres sont obligés d'aller en voiture pour leurs fonctions & dans leur costume, ils ont des carrosses très-simples.

On ne voit non plus de livrées qu'aux domestiques des ambassadeurs, & dans quelques endroits des fauxbourgs. Un étranger attire une attention inquiete, lorsqu'il a un domestique de louage derriere sa voiture. Les *Forts de la Halle* & les portefaix menacent l'étranger avec le poing fermé. Cependant les fauxbourgs barbares deviennent de jour en jour plus apprivoisés & plus tolérants avec ces apparitions, qui sont plus fréquentes, & dans les autres quartiers moins sauvages de la ville, on est revenu depuis long-tems du préjugé contre ces preuves de l'inégalité.

Deux mois après mon arrivée, la révolution dans les équipages était frappante. Depuis la chûte du papier-monnaie & la résurrection du numéraire, on remarquait de jour en jour plus de voitures élégantes, de beaux chevaux de selle, de livrées, de jockeys, surtout dans les promenades publiques, sur les Boulevards, aux Champs-Elysées, au Bois de Boulogne. L'aristocratie de la richesse se remontrait dans la course impétueuse des cabriolets & des cavaliers, & la police était déjà forcée d'employer les réglements & les mesures les plus séveres contre le désordre renaissant.

La mode régnante des dames est de conduire elles-mêmes leurs voitures. On voit faire assaut d'adresse, dans leurs cabriolets, à ces jeunes républicaines élégantes, si on peut honorer de ce titre des filles de joie, qui ont elles-mêmes honte du masque du républicanisme. Elles courent les rues, en négligé, ou en grande parure, seules, ou deux ensemble, déployant leurs talents & leurs grâces à conduire & tourner. Elles menent elles-mêmes, lorsqu'elles ont un homme à côté d'elles, & se soumettant à cette aristocratie femelle, le cavalier les voit avec soumission régir les rênes dont elles lui dérobent le gouvernement, pendant que le fouet se déploye sur sa tête.

J'ai trouvé une grande diminution dans le nombre de ces mendiants importuns, de ces êtres contrefaits ou estropiés, mangés de vermine & couverts de guenilles, qu'on rencontrait dans les rues, sur les routes & sur les boulevards, en comparaison du tems passé, quoique cet aspect hideux ne soit pas encore effacé du tableau de Paris, & j'ai reconnu l'exagération, qui se trouve dans les gazettes Allemandes, du spectacle révoltant de malheureux se traînant dans les rues, succombant sous la famine & les maladies. Je n'ai jamais entendu le cri effrayant *du Pain*. Jamais un mendiant ne m'a demandé du pain, mais comme le papier était entierement tombé de valeur, ils me priaient avec une confiance modeste de leur donner un sou.

Le calcul était la grande occupation du peuple, lorsque le cours des assignats existait encore. Les manœuvres, les porteurs, les fiacres fixaient les prix de leurs journées dans une proportion toujours exagérée. Quand les fiacres arrivaient le matin sur la place, & que le dernier se mettait en file, sa premiere demande à celui qui était à la tête de la colonne était : *combien ?* Cette demande arrivait de bouche en bouche jusqu'au chef de file, ce qui signifiait, *combien vaut le louis d'or ?* Celui-ci fixait le cours par une seule sillabe, (*cinq-six-huit*) c'est-à-dire cinq, six, ou huit mille livres. Alors le cours du prix de la course des fiacres était fixé pour toute la journée.

Lorsque les assignats ont été échangés contre les mandats, il n'a plus été question de payement en papier dans le détail du commerce. On exigeait de l'argent, & toujours à un prix excessif, inoui même avant la Révolution.

Malgré le changement des formes que la Révolution a amené, j'ai invariablement trouvé, dans mes différentes courses dans les rues de Paris, le même accueil poli pour les étrangers, soit pour répondre, soit pour enseigner, qui caractérise & distingue jusqu'à la derniere classe du peuple de cette capitale. Si on demande à un marchand ou à un ouvrier la route d'une rue, peut-être encore éloignée, il quitte aussitôt tout ce qui l'occupe, comme s'il attendait une grande récompense, sort de derriere sa table, ou son comptoir, vient jusqu'au milieu de la rue, & avec autant d'application que si son existence en dépendait, il donne les renseignements les plus précis. *Citoyen*, vous dit-il affablement, dans sa langue amicale & laconique, *prenez moi cette rue jusqu'au bout ; puis tournez à droite & à gauche, & vous tomberez dans votre rue qui vous fera face.*

S'il lui arrive de se tromper, un passant se mêle de la conversation, blâme, rejette, ou redresse l'indication en proposant un chemin plus court : *Allons donc,* dit un troisieme ;

*Quel embarras ! Venez, citoyen, c'est mon che-
min, je vous accompagnerai.*

Un jour une marchande, de sa boutique, m'avait indiqué mon chemin, je le suivis, quoique son ton m'eût paru trahir sa propre ignorance. Au bout de la seconde rue, comme j'allais tourner à gauche, ainsi qu'elle me l'avait prescrit, j'entendis derriere moi une voix qui me criait, *elle vous a trompé, citoyen, il faut tourner à droite, voilà votre rue.* Je me retournai, un homme bien habillé me parut m'avoir suivi depuis cette boutique pour redresser l'erreur ; il reprit son chemin en arriere, sans attendre mon remercîment.

A l'entrée de la nuit, les rues écartées sont, comme elles l'ont toujours été, peu sûres pour les gens de pied. J'ai entendu plusieurs fois le cri effrayant, *au voleur, on m'assassine,* re-tentir vers le milieu de la nuit dans les rues écartées derriere mon appartement. L'audace des voleurs Français s'étendait même dans les fauxbourgs sur des voitures, dont ils avaient précédemment espionné la marche. A notre départ de Paris, que nous avions fixé pour la nuit, nous fumes avertis par le ministre de la police de le retarder jusqu'au point du jour à cause du peu de sûreté des fauxbourgs.

La plûpart des scenes qui se passent dans les rues, que nos journalistes Allemands nous exagerent comme meurtrieres, ou au moins sanglantes, sont de peu de conséquence, & toujours prévenues, ou dissipées par l'extrême vigilance de la police. De ce genre, étaient les émeutes contre les marchands en détail, occasionnées par les disputes relatives au prix des assignats & des mandats. Un passant marchande quelque chose dans une boutique, on n'est pas d'accord sur le prix des assignats, on parle haut & avec chaleur, aussitôt il s'assemble un grouppe de curieux, d'oisifs, d'agioteurs, qui débattent entr'eux ce petit procès ; la foule augmente, la garde arrive pour la disperser, d'après les ordres de la police, qui ne permet aucun rassemblement, & chacun s'en va de son côté. J'ai été souvent témoin, surtout sur le Pont-Neuf, de ces scenes insignifiantes, & je les trouvais ensuite dans les papiers Français ou Allemands métamorphosées

phosées en émeutes dangereuses, en scènes de carnage ornées de coups de sabre, de têtes dangereusement blessées, de mains coupées, souvent même présentées comme des préludes de la contre-révolution, que dans quelques contrées étrangeres on espere & on désire avec tant d'ardeur.

Le Pont-Neuf. Les Quais.

On est toujours frappé de la majesté du coup-d'œil du Pont-Neuf & des Palais qui ornent les quais des deux bords de la Seine en la descendant vers le Pont-National, ci-devant Pont-Royal. J'ai souvent joui de cette vue lorsque l'horison était éclairé par les premiers rayons du soleil, ou par ses derniers feux, sans être troublé par le fracas & par les embarras de toute espece qui rendaient ce pont un des endroits les plus remarquables de Paris. Ce fracas est infiniment diminué, ces embarras se sont simplifiés. Ce pont est toujours vivifié par les gens de pied & les voitures, étant le point de réunion centrale des deux parties de Paris, mais on n'y voit plus cette variété de scenes & cette affluence, dont il était rempli. Même les pauvres petits Savoyards, établis avec leurs sellettes le long des trottoirs pour nettoyer les souliers des passans, ont beaucoup de peine à gagner leur vie, leurs grands protecteurs ont disparu,

& il arrive rarement aux piétons d'une espece très-différente de leurs prédécesseurs de faire nettoyer leurs bottes, ou leurs souliers.

Je sentis involontairement ma poitrine se resserrer quand je vis pour la premiere fois la place vuide & couverte d'herbes, où était autrefois la statue équestre de Henri IV, près de laquelle les pauvres se procuraient alors quelques secours des passans, en demandant l'aumône *au nom de ce bon roi.* C'est après le 10 Août qu'est tombée sous la hache des *Iconoclastes* cette statue qu'adoraient encore peu de mois avant les Parisiens, auxquels elle rappellait le souvenir de cet homme noble & aimable, de ce bon roi. Des novateurs, dont l'ame était seche & étroite, ont cru que cette statue, en présentant le type de l'ancienne royauté, serait dangereuse pour la nouvelle République *. A la bonne heure, que les statues de l'odieux Louis XIV. & de ses successeurs fussent sacrifiées à la Révolution, si on

* Certainement la Révolution n'aurait pas eu lieu sous Henri IV. *Note du Traducteur.*

ne pouvait trouver d'autre moyen de les soustraire à la vue du peuple, & de sauver ces
chefs-d'œuvre de l'art moderne, mais la statue d'Henri IV. méritait une exception. On
aurait pu lui appliquer une instruction utile,
qui aurait annoncé aux nouveaux républicains, en voyant le noble portrait du bon
Henri, qu'un pareil roi ne pouvait pas avoir
de successeur. Mais dans ces momens où cette
intéressante statue a été sacrifiée, ainsi que
toutes les autres à des passions effrénées, on
n'était pas en état d'écouter froidement la
voix de la raison, on ne pensait qu'à détruire
tous les monumens de la royauté ; comme
s'ils étaient effectivement anéantis dans ces
statues, & s'il n'en restait pas encore des
traces dans ces superbes palais bâtis par les
Rois ! les républicains les plus chauds, mais
sans préjugés, regrettent à présent la destruction de ces beaux monuments de l'art moderne.

Le quai de Voltaire ressemble à une galerie d'estampes. Les marchands en ont tapissé
toutes les murailles des maisons. On y trouve

d'excellens morceaux anciens & nouveaux, mais aussi beaucoup de rebut. Les estampes innombrables qui ont paru pendant la Révolution, & qui y avaient trait, sont disparues. Je n'ai vu qu'une mauvaise estampe représentant l'attaque des Thuilleries du 10 Août, j'en ai inutilement cherché plusieurs autres, ainsi que les portraits des hommes devenus célèbres par la révolution. On ne trouve plus la collection de Fiésinger des membres de l'Assemblée Constituante, cet excellent artiste lui-même est en Angleterre. Les marchands ont brûlé eux-mêmes leurs collections de peur d'être accusés & arrêtés sous le regne de Robespierre. Le célebre graveur Alix a détruit, à cette même époque de terreur & de faiblesse, la plûpart de ses meilleures estampes, surtout les portraits des hommes célebres, parce qu'on faisait alors des recherches dans les maisons des artistes pour les rendre suspects : ce n'est qu'après le Neuf Thermidor qu'il a osé enrichir sa belle suite des portraits enluminés des grands hommes, de ceux de Mirabeau, Bailly, & Lavoisier.

On a tout employé pour fortifier & enraciner la haine du peuple contre ses rois. Sur le quai du Louvre au bas d'une fenêtre dont la vue donne sur la riviere, on a mis une inscription relative au massacre de la Saint Barthélemi. *C'est de cette fenêtre que l'infâme Charles IX, d'exécrable mémoire, a tiré sur le peuple avec une carabine.* L'histoire dit que ce meurtrier tirait par la fenêtre de sa chambre sur ses malheureux sujets, qui pour éviter le massacre cherchaient à traverser la Seine à la nage.

Pendant que je m'étais arrêté sous cette fenêtre à lire cette inscription, un soldat qui m'observait avec attention, me dit avec un rire sardonique, & en appuyant sur les derniers mots : *Cela peut-il intéresser un mylord Anglais ?* Son erreur me surprit, parce que je n'étais encore que depuis deux jours à Paris, & que je n'en traversais pas encore les rues sans une certaine inquiétude, d'après tous les

dangers précédens. Je me tournai brusque-
ment, & tendant la main au soldat, je lui dis,
*touchez là, citoyen soldat, je ne suis pas un my-
lord Anglais : tant mieux,* s'écria-t-il, en me
secouant cordialement la main, *tant mieux,
vive la République !* Je lui rendis son accla-
mation, pour assurer ma paix, & je continuai
mon chemin sans regarder autour de moi.

MAISON D'EGALITÉ, CI-DEVANT PALAIS-ROYAL.

LE changement de nom en a apporté un dans l'existence de ce point de réunion du luxe & du goût. Il est devenu le réceptacle journalier de la plus hideuse race d'hommes, des agioteurs, des filoux, & des vagabonds. Le ministre Merlin, pendant qu'il avait le ministere de la police, avait fait le projet de transformer en cazernes ce palais du luxe & de tous les genres de débauche, & de fermer ainsi ce lieu de rassemblement à toute cette dangereuse canaille. Ce changement eût été aussi bisarre que caractéristique pour l'époque à laquelle il était projetté, mais il était trop hardi ; vraisemblablement son exécution eût excité un soulevement parmi les Parisiens.

Les arcades & les voûtes brillent encore par l'immense variété de belles & riches marchandises. Tout ce que la richesse & le goût, l'abondance & la commodité peuvent offrir de cherté, de beauté, de jouissances & de satiété est étalé sous les yeux avec la variété la plus confuse. Mais il y a rareté d'acheteurs ; on entend souvent retentir sous ces voûtes, *ah cela est trop cher*, & les marchands se plaignent du manque de débit.

Le matin & le soir, là, où jadis la société la plus élégante, la plus séductrice & la plus corrompue de Paris se rassemblait pour se promener, ou plutôt pour voir & être vue dans le jardin du Palais-Royal, les arcades, les halles, les cours, & le jardin d'Egalité fourmillent de cette race funeste d'agioteurs, de brocanteurs & de voleurs de toute espece. Ils se promenent par grandes bandes, se tenant sous le bras, ou bien ils se tiennent fixes, divisés par grouppes. Représentez-vous des hommes avec des chapeaux poudreux & troués, de longs cheveux mal peignés, des redingottes déchirées, des pantalons sales, des bottes tombant sur les talons, un gros bâton noueux semblable à une massue à la main, tel est ce *public*. Par ci par là, on remarque un étranger que la curiosité attire, ou quelque particulier décemment vêtu, qui vient y faire des affaires ; à l'ombre des arbres, sur des chaises, des citoyens tranquilles occupés à lire des gazettes ou à causer, des filles vénales de la plus basse classe, car celles du bon ton fréquentent peu ce jardin.

Les citoyennes décentes, mariées ou non mariées, n'y paraissent presque plus, parce que les honnêtes gens ont honte de se confondre dans cette foule dégoûtante qui y abonde toute la journée, ou de se trouver enveloppés dans une chasse d'agioteurs, & d'être exposés aux brutalités des employés de la police. Cette chasse d'agioteurs était le grand amusement du ministre Merlin, & portait le nom de *Merlinade*. La précision rapide avec laquelle elle s'ouvrait était remarquable, la suite était pure grimace dont on riait, parce qu'elle restait toujours sans effet. A midi, lorsque le jardin était le plus rempli, des soldats enveloppaient tout le palais dans le plus grand silence, un officier de police donnait le signal par un coup de sifflet, aussitôt toutes les grilles se trouvaient fermées. Dès que le coup de sifflet découvrait l'embuscade, tout le monde se précipitait sous les arcades ou vers les issues des rues, ou pour s'échapper par ces issues, ou pour se refugier chez les filles dans les étages les plus élevés des arcades ; ceux qui se trouvaient pris dans le jardin passaient un à un au travers d'une garde placée à l'entrée principale, & devaient montrer leur carte ; quiconque n'en avait point, ou paraissait suspect, était arrêté & emmené. L'expédition durait toujours plusieurs heures. Les portes se r'ouvraient ensuite, la même société se rassemblait, & reprenait son infâme commerce. Devant l'entrée du fonds du jardin qui donne dans la rue Vivienne, était un point de rassemblement de cette vile espece, contre laquelle à toute heure marchait de la cavalerie pour dissiper leurs grouppes, qui se reformaient aussitôt derriere les chevaux qui venaient de les traverser.

Un public tranquille & sans inquiétude se rassemble dans les caffés sous les arcades, & les gourmands remplissent les brillantes salles des réstaurateurs Beauvilliers & Robert. On entend rarement des débats politiques dans les caffés, ou au moins ils se passent sans tumulte & sans voies de fait, ce qui était très-différent dans les premieres années de la révolution.

Cette fameuse salle souterraine si vantée, le cirque, cette remarquable chimere d'architecture, n'est plus le point de réunion d'une joie bruyante, elle a reçu une destination d'une utilité plus générale. Elle est occupée par le Lycée des Arts, qui y tient ses séances publiques & particulieres.

L'esprit de parti des *Décadins* & des *Dominicains*, (ce sont les noms que se donnent en plaisantant les partisans de l'ancien & du nouveau calendrier,) est remarquable dans les boutiques de la Maison-Egalité, ainsi que dans celles des rues de Paris. On y voit quelques boutiques fermées les jours de Décades, mais en bien plus grand nombre les Dimanches, & les marchands donnent ainsi, sans parler, leur profession de foi politique. Une troisieme classe, plutôt par politique & pour se donner un jour de fête de plus, que par attachement à l'une ou l'autre secte, ferme également ses boutiques les Dimanches & les Décades.

En général, la cause de cette célébration du Dimanche doit être moins attribuée à un zele religieux, qu'à un funeste esprit d'opposition qui s'étend à tout ce qui regarde les décrets constitutionnels & le gouvernement : il est très-indifférent à la plûpart des *Dominicains* si leurs églises sont changées en magazins à bled ou en atteliers militaires, comme la plûpart sont dans le cas, ou si au moyen de la pompeuse inscription : *Le peuple Français reconnaît un Etre Suprême & l'immortalité de l'ame*, elles sont r'ouvertes à la célébration du service divin. Ce ne sont pas ceux-là qui ont pris part à la joie extravagante du peuple, lorsqu'on lui a rendu sa foi, lorsque Robespierre a joué sa farce hypocrite, lorsque le peuple, mais surtout les gens de la campagne, transportés jusqu'à la frénésie, illuminaient leurs villages & ornaient leur entrée de cette inscription : *Vive l'Eternel !*

Une des choses remarquables de cette maison est la boutique du libraire Louvet.

La citoyenne Louvet, cette Lodoiska si célebre par les mémoires de son mari, conduit le commerce, & on s'apperçoit très-vite qu'elle s'y connaît, & qu'elle sait employer à son avantage la curiosité qui attire les étrangers dans sa boutique, plutôt pour voir Lodoiska que pour acheter des livres. La figure de Lodoiska ne satisfait pas l'idée qu'on se fait ordinairement d'une personne intéressante avant de l'avoir vue ; mais elle porte dans son maintien un peu viril, dans sa contenance & dans ses traits, le caractere décidé & résolu d'une femme qui a sauvé son amant. Elle n'est pas belle, mais elle est civile & communicative.

Les souffrances physiques & morales que Louvet a essuyées dans sa fuite accompagnée de tant de dangers, ont détruit sa santé ; il est toujours languissant, cependant ses grands yeux noirs étincelent de feu & d'esprit. La variabilité de ses principes politiques le rend peu d'accord avec lui-même dans son journal, *La Sentinelle*, & l'expose à se défendre continuellement contre les vives attaques des autres journaux de Paris. *La Sentinelle* est une feuille peu intéressante, c'est un champ de bataille politique & littéraire, dont les matieres sont souvent traitées d'une maniere ennuyeuse. La continuation qu'il avait promise de ses mémoires, dans laquelle Lodoiska devait présenter elle-même sa propre histoire, ne paraîtra pas. Dans un déjeûner frugal que j'acceptai dans une petite chambre au quatrieme étage, qui servait en même tems de chambre à coucher & de cuisine, où cuisait dans un pot leur dîner républicain, Louvet & Lodoiska m'annoncerent avec chagrin la perte de leur manuscrit. A l'époque de sa fuite, il avait confié à son frere ce travail de vingt années ; celui-ci fut arrêté, & tous les papiers du proscrit Louvet furent jettés au feu *.

* Louvet est mort en 1797, ayant par son fanatisme fait beaucoup plus de mal que de bien. *Note du Trad.*

PALAIS ET JARDIN DES THUILLERIES.

LES traces de l'attaque du 10 Août 1792 sont encore très-visibles sur la façade extérieure du Palais des Thuilleries qu'habitait l'infortuné Louis XVI avant la catastrophe cruelle à laquelle le conduisait son destin. Le pavillon du centre, où demeurait la Famille Royale, avait été principalement battu à coups de canon de la Place du Carouzel. Les combles, les murailles, les balustrades, les corniches des fenêtres ont été fort endommagés par les boulets. Sur chacune de ces breches, on a inscrit en gros caractéres sur une pierre polie, *Le* 10 *Août*. Un zélé républicain, avec lequel je me trouvai devant la façade du château, me montra avec une grande satisfaction ces monumens du renversement de la puissance royale. Quelques semaines après, je repassai devant cette même façade avec le même républicain, on avait élevé des échafauds, des maçons étaient occupés à réparer les breches & à effacer les inscriptions ; je lui

fis

fis observer à mon tour cette opération, qui mit mon démocrate fort en colère, peu s'en fallut qu'il ne traitât les auteurs de ce travail comme des archi-royalistes.

Le Conseil des Anciens tient ses séances dans ce palais, dans l'ancienne salle de la Convention, le reste est occupé par les comités des deux Conseils.

La Terrasse des Feuillants, qui tient toute la longueur du côté droit du jardin devant le Manege, occupé par le Conseil des Cinq-Cents, est toujours le rendez-vous des conjurations, sans cesse renaissantes & sans cesse déconcertées par la vigueur du gouvernement actuel. Des orateurs payés, montés sur des bancs, ou appuyés contre les balustrades de cette terrasse, déclament avec une impudence inouie pour tromper le peuple & le soulever contre *les cinq tyrans du Luxembourg*. J'ai moi-même entendu une de ces déclamations incendiaires peu de jours avant la découverte de la conjuration de Drouet. Les faibles grouppes qui les environnent consistent ordinairement en auditeurs payés pour applaudir.

Les citoyens tranquilles passent auprès sans daigner les écouter, & les hommes de la plus basse classe les chargent eux-mêmes de malédictions. Ces rebutantes déclamations sont très-courtes, les patrouilles paraissent à peine dans l'éloignement, aussitôt orateurs & grouppes disparaissent en un clin d'œil.

J'ai vu dans le Jardin des Thuilleries, le 9 Floréal (28 Avril) une disposition plus sérieuse du gouvernement pour étouffer les étincelles d'une révolte naissante. Le bataillon de police de la garnison de Paris avait reçu ordre du Directoire de sortir de la capitale, il s'y refusait avec menace de résister : on craignait que le militaire ne fût séduit & poussé à la révolte. Comme je traversais le soir le jardin, & m'approchais de la place de la Concorde, ci-devant de Louis XV, j'entendis devant moi le bruit des armes. Quatre canons avec leurs chariots de munitions s'avancerent dans le jardin, quelques pelotons de cavalerie galopperent à toute bride vers le château, les canons y furent plantés, chargés, & les canonniers près de leurs pieces, la mêche allumée. En peu de minutes, une ligne de défense se montra devant le château. Epouvantés par cet appareil menaçant, les promeneurs se retirerent du jardin, ou se ramasserent en grouppes étonnés ; des patrouilles les avertirent de sortir, & les grilles furent fermées. La vigilance & la fermeté qui à chaque pas distinguent le gouvernement présent, ne manquerent pas leur effet dans cette occasion. Le bataillon de police fut désarmé, les moteurs du désordre arrêtés, & le repos public ne fut pas troublé. Long-tems après les gazettes étrangeres forgerent des récits de nouveaux dangers qui menaçaient la République.

Pendant mon séjour à Paris, j'ai été témoin de plusieurs aventures de cette espece, qui n'étaient dangereuses qu'en apparence, & d'après ce que j'ai vu, d'après ce que j'ai appris, non pas par le bruit public, mais à la source même, où l'on s'occupe à prévoir de loin, & à prévenir les troubles & leur éclat, d'après mon expérience sur la majorité de l'opinion populaire, je peux avancer qu'on n'a plus à craindre un soulevement général, ou l'adhésion de la part de la masse du peuple aux projets de quelques cerveaux brûlés contre l'état de choses actuel. Le peuple, si souvent abusé par les folles agitations des factions est las des scenes de révoltes si souvent repétées. Le repos est son désir absolu, & la corruption avec l'or de l'étranger, sur une masse de peuple assez considérable pour être à craindre, d'après les tentatives si souvent repétées sans succès, est une chimere impraticable. La force vigilante & sévere du gouvernement, ainsi que le caractere prononcé du Directoire républicain, impose à tout le monde, & quoique dans cette nation continuellement agitée par ses propres contradictions, le nombre des mécontents de la Constitution actuelle soit très-grand, cependant ce caractere du gouvernement tient en respect la multitude, & la fermeté de ses mesures rapides dompte les plus mal-intentionnés avec un frein terrible gouverné par un bras puissant *.

* La terrible catastrophe du 18 Fructidor (4 Septembre 1797) prouve la force du Directoire, même contre

Je craindrais pour le gouvernement l'explo-
sion de la fermentation intérieure toujours exis-
tante, & que le tems seul peut éteindre, s'il
rejettait orgueilleusement des propositions de
paix raisonnables de la part des puissances
encore armées contre la République. Le
peuple souhaite la paix, & manifeste hautement ce désir en toute occasion. Le gouvernement ne pourrait pas braver cette opinion régnante sans se compromettre, & son
propre désir pour la paix prouve qu'il ne s'y
exposera pas *.

Un autre problême que le tems seul peut
résoudre est, savoir si l'état de contention
perpétuelle du gouvernement pour observer

les loix constitutionnelles, tant qu'il peut compter sur
les armées. Tel était le gouvernement de Pysistrates à
Athenes, de Denys à Syracuse, de Cromwell en Angleterre. Mais où en est-on avec les principes fondamen-
taux de la République Française ? *Note du Trad.*

* La solution du Congrès de Rastadt prouvera si
l'ambition l'emporte sur le désir de la paix, ou le désir
de la paix sur l'ambition. C'est alors que le Directoire
aura à répondre au peuple de l'événement. *Note du
Trad.*

& tenir en bride tous ses ennemis intérieurs, Royalistes, Jacobins, Anarchistes, pourra toujours durer, & si plutôt, d'après la nature des choses continuellement tendues, il ne se relâchera pas, *surtout* l'indifférence d'une partie de la nation & la lâcheté de l'autre l'empêchant dé se déclarer pour le gouvernement, qui reste isolé, de se réunir à lui & de le soutenir : ce problême forme une perspective obscure & douteuse pour les amis de la tranquillité publique. Une paix générale peut seule l'éclaircir & ramener avec elle l'espoir de la félicité de la France *.

Les délicieuses allées des Thuilleries, ombragées par des arbres de cent ans, sont beaucoup moins fréquentées qu'autrefois, parce qu'elles sont privées de la classe la plus nombreuse des promeneurs qui allaient y tuer le tems, ou des familles qui allaient le

* La paix générale ne fait rien à la tranquillité intérieure de la République, que le Directoire ne peut assurer, qu'en se ralliant à la Constitution, & en ne l'ébranlant pas perpétuellement par l'emploi arbitraire de la force. *Note du Trad.*

soir s'y délasser de leurs travaux. La classe moyenne des citoyens de Paris continue d'en jouir, & dans les premiers jours du printems, les jeunes gens se rassemblent dans les places rondes qui sont entre les allées pour jouer au ballon. L'humeur, l'entêtement & l'orgueil éloignent la haute classe des Parisiens de ce théâtre de leurs anciennes délices, ainsi que des autres promenades publiques. Beaucoup de femmes en sont écartées par le puéril caprice de ne pas porter la cocarde, sans laquelle la garde des portes ne laisse entrer personne, & donne des avis très-séveres à quiconque se dispense d'avoir sur soi ce signe patriotique. Plusieurs dames portent la cocarde de la grosseur d'un pois, & l'attachent dans leur chapeau ou dans leur bonnet, cachée sous un ruban, ou sous des fleurs. J'ai souvent entendu les sentinelles crier, *citoyenne, la cocarde* ; *la voilà*, répondaient les dames, en même tems elles faisaient prendre l'air à un ruban, ou une fleur, qui en s'entr'ouvrant laissait appercevoir une cocarde presqu'imperceptible. Si le sentinelle était

de bonne humeur il laissait passer ce persi-
flage de cocarde, sinon il le repoussait par
une remontrance sévere.

Au bout du jardin, près de la Terrasse des
Feuillants, dans une petite place gazonnée,
entourée d'une grille, est la statue de Rousseau, tenant dans sa main une petite figure
de la Nature. Il est assis en robe de chambre
flottante avec une perruque ronde, comme
ce philosophe avait coutume d'être habillé
chez lui. Cette statue termine le point central d'une double allée d'orangers toujours
fleuris, qu'on y place pendant l'été, & qui
remplissent le jardin d'un parfum délicieux.

Le fameux Pont-Tournant qui conduit à
la place de Louis XV. est détruit, le fossé est
comblé. Chaque pas que l'on fait dans ce
quartier de Paris rappelle quelque trait remarquable de l'histoire de la Révolution.
C'est par ce pont que le Prince Lambesc,
à la tête des cavaliers de Royal Allemand,
attaqua les Thuilleries, où il blessa plusieurs
citoyens qui se promenaient paisiblement, &

par cette violence donna le signal au soulevement général du peuple *.

* L'auteur n'est pas responsable de cette calomnie. Le
Prince de Lambesc ne blessa personne, le soulevement
général était commencé avant que le Comte de Bezen-
val, général Suisse, donnât l'ordre de faire cette inutile
& indécente galopade dans les Thuilleries. *Note du Trad.*

PLACE DE LA CONCORDE.

LA Place de Louis XV, appellée ensuite Place de la Révolution, porte à présent le nom de la Concorde ; ce nom forme un contraste révoltant avec les flots de sang de tant de respectables personnages, qui y ont été sacrifiés à la discorde & à la rage des factions. On a très-bien fait d'effacer le nom sanguinaire de Place de la Révolution : mais on ne devait pas l'honorer du beau nom de Concorde, avant que par le rétablissement de la paix intérieure & par la confirmation du bonheur des Français, tout souvenir de la sanglante discorde fût anéanti, & que la nation fût completement reconciliée avec elle-même. C'est alors seulement qu'on aurait pu honorablement élever sur cette place un autel à la Concorde, sur lequel les gouvernans, au nom de la nation, auraient juré une renonciation éternelle aux malheureuses haines de faction, qui ont plongé la France dans des calamités inouies.

Le tronc desséché du peuplier de la liberté désigne la place où est tombée la tête de l'infortuné Louis, où a coulé le sang des Girondistes.

Le piédestal d'où l'on a abattu la statue de Louis XV, est occupé par celle de la Liberté. Elle est d'argile bronzée, & représente plutôt la fragilité de l'inconstance, que le symbole d'une liberté bien établie. La trompeuse couche de bronze s'écaille, & cette masse sans solidité se morcele & se détruit. La figure assise est une copie de la *Dea Roma*, elle tient une lance dans une main, l'autre est appuyée sur le globe terrestre posé sur son genou ; le piédestal de marbre sur lequel elle a remplacé la statue Royale a été considérablement endommagé à dessein : les corniches ont été brisées, les quatre façades destinées aux inscriptions sont pleines de brèches, les degrés de marbre rompus en mille pieces, la balustrade de marbre qui l'entourait arrachée en partie. Sur les ruines, regne la déesse, actuellement d'argile, que les Parisiens appellent *la liberté de boue*. Elle doit

être à l'avenir modelée en bronze & vraisemblablement mieux traitée que cette masse in-
forme & grossiere.

Sur les quatre faces du socle de la statue,
sont placées les inscriptions suivantes, à demi
effacées & à peine lisibles.

L'ignorance l'avait bannie de dessus la terre.

La vérité l'a ramenée parmi nous.

Notre courage saura la défendre. Nous vou-
lons vivre & mourir pour elle.

Elle est assise sur les ruines de la tyrannie.
La postérité . . . . . .

Les autres mots ne sont pas lisibles.

On a placé depuis peu de tems, à l'entrée
des Champs-Elysées, deux chefs-d'œuvre de
l'art moderne, les deux grouppes des chevaux
Numides avec leurs dompteurs, copiés du
grouppe de Montecavallo à Rome. On a très-
heureusement exprimé dans les chevaux la
fierté sauvage, & dans les belles figures
d'hommes, la vigueur déployée & le triomphe
de la force. Le déplacement de ces deux
grouppes, qu'on amena de Marly pour les
faire figurer sur la Place de la Concorde,

parut avoir été fait à dessein par le gouvernement. *Ils paraissent*, disaient des observa-
teurs paisibles, *être le symbole du peuple qu'il
faut tenir en bride : nous craignons*, ajoutaient
des pyrrhoniens inquiets, *que les renes que
les dompteurs tiennent d'un bras si vigoureux
ne soyent trop faibles pour ces animaux indomp-
tables.*

L'histoire de ces deux grouppes est remarquable. Ils ont été taillés par les deux
sculpteurs *Coustou*, chacun d'un bloc du
plus beau marbre de Carrare, sans veines &
sans défauts. Nicolas & Guillaume Coustou
étaient deux excellents artistes, natifs de
Lyon. L'un de ces deux freres mourut en
1733, l'autre en 1746. Sur le piédestal
des grouppes placés sur la terrasse de Marly,
on lisait seulement : *Coustou*, 1745, sans pré-
nom. On doute à présent lequel des deux
freres est l'exécuteur de ces chefs-d'œuvre,
& ce doute est honorable pour tous les deux :
il paraît que l'amitié fraternelle a voulu en
partager la gloire, sans approprier à l'un des
deux l'avantage qui résulte de l'achévement

de l'ouvrage. Quelques-uns croyent que la date de l'an 1745 décide la question en faveur du survivant, mais il est plus satisfaisant pour la réputation des deux freres, d'imaginer que l'un des deux a donné l'idée de ce chef-d'œuvre, que tous deux ont conduit l'ouvrage en commun, jusqu'à ce que la mort du premier ait laissé au second la tâche de l'achever.

Ces grouppes ont été amenés le 11 Septembre 1795 de Marly à Paris, le colonel d'artillerie *Grobert*, inspecteur de l'arsenal de Meudon, a dirigé ce transport avec une habileté admirable. Les machines qu'il a inventées pour cette opération, étaient simples & du plus grand effet. Quatre hommes ont suffi pour enlever ces grouppes, pesant chacun trente milliers, de dessus leur assiete & les poser sur les chariots. La route de quatre lieues de France depuis Marly jusqu'à la Place de la Concorde a été parcourue en cinq heures & demie avec un attelage de dix chevaux en plaine & seize sur les hauteurs. Arrivés à leur destination, ils ont été transportés des chariots sur leurs piédestaux avec la rapidité du mouvement de onze pouces par minute. On a gravé l'historique de ce transport merveilleux sur le piédestal, qui est d'une pierre de grais très-simple & sans ornement, & une description très-détaillée, dédiée au Directoire, perpétue le souvenir de l'habileté du Colonel *Grobert*.

Champs-Elysées, Boulevards.

LE charmant bosquet des Champs-Elysées, contigu à la Place de la Concorde, est la
plus fréquentée des promenades publiques
de Paris. Dans les belles soirées, surtout le
Dimanche, il s'y rassemble à l'ombre des
allées, à la droite, une foule immense de tout
âge & de tout sexe. Entre six rangées de
spectateurs assis sur des chaises on voit se
pousser la masse des promeneurs; ce spectacle
est très-amusant par la variété des costumes
& des figures. Les deux sexes y paraissent
plus élégamment vêtus, seulement on ne voit
plus comme autrefois dans la route du milieu les brillans équipages & les rapides
cabriolets des hautes classes de Parisiens qui
dédaignaient de se confondre dans les allées
avec les promeneurs. Les gazons qui s'éten-
dent à la droite de ce bosquet, offrent un coup-
d'œil séduisant ; les enfans s'y assemblent
pour leurs jeux. Jamais cette jeunesse ne m'a
paru, en général, plus belle, plus florissante

& plus

& plus aimable. Des grouppes de danse de petites filles séduisantes & de jolis petits garçons, réunis au tumulte des différens jeux de l'enfance, couvrent ces gazons, & sont environnés de grands cercles de parens ou de spectateurs assis sur l'herbe. Un spectacle aussi pittoresque & aussi touchant pour des ames sensibles, des jeux de l'innocence, se rencontre fort peu, surtout à Paris, où la gaieté franche est comprimée par les passions encore fermentantes & le chagrin des habitans, & ne se développe que dans une jeunesse exempte de préjugés & de soucis.

Quelques parties des Boulevards présentent pendant les après-midi un spectacle pareil. Des hommes bien habillés, de la classe des citoyens modestes, traînent eux-mêmes leurs enfans dans des petits chariots très-élégans, suivis par les meres & les amies ; on voit ces petits êtres intéressans, couchés sur des oreillers blancs, environnés de leurs joujoux qui les occupent, ou dormant, bercés par ce mouvement lent & uniforme. La Révolution a produit un bien en habituant les femmes de Paris à nourrir elles-mêmes leurs enfans, dont on confiait précédemment le soin à des nourrices mercénaires dans des villages, où, loin de l'œil vigilant de leurs parens, ils étaient livrés à la cupidité de femmes étrangeres. L'économie, devenue nécessaire, même pour la classe aisée des citoyens, & plus encore l'expérience des dangers auxquels l'enfance était exposée, ont fait cesser cette mode immorale, & ont ramené les meres à l'usage respectable de nourrir elles-mêmes leurs enfans.

La soi-disant bonne compagnie, ou pour parler plus correctement, la société très-aristocratique, très-anti-républicaine des *messieurs* & des *dames* de Paris, a choisi son point de réunion nobiliaire sur le Boulevard entre les rues *Grange Bateliere* & *Mont Blanc,* où elle passe quelques heures de la soirée à errer dans des nuages de poussiere, ou à s'étaler sur des chaises. On a très-proprement appellé cette promenade le *petit Coblentz* pour caractériser la société que la mode y assemble. C'est le seul lieu public que les dames les plus brillantes & les élégans de Paris honorent de leur présence. C'est là qu'ils se délivrent du mélange du peuple qu'ils haïssent & qu'ils méprisent, c'est-à-dire des vrais citoyens, auxquels ils préférent la poussiere qu'ils avalent pendant des heures entieres dans leur cher *Coblentz*, & la société des filles vénales qui se rassemblent de tous les coins du temple de la volupté pour venir partager cette promenade avec eux. Quiconque a prétention au bon ton, c'est-à-dire à l'aristocratie, doit se montrer quelquefois la semaine au *petit Coblentz avec ses égaux.* Comme les dimensions de cette promenade sont très-courtes & très-étroites, & qu'elles ne peuvent contenir qu'une très-petite portion de la population de Paris, elle me donna la premiere fois un préjugé très-avantageux du civisme des Parisiens ; mais l'expérience m'a appris bien vîte que le *petit Coblentz,* ainsi que le lieu du rassemblement sur le Rhin, dont il a pris le nom, n'est que le point de rencontre des représentans du vaste cercle archi-aristocratique de Paris dont la société porte le nom de *Légion*.

Place des Victoires Nationales.

ELLE était autrefois dédiée à l'homme immortel, *Viro Immortali*, inscription qui était au bas de la statue de plomb de Louis XIV. : mais la hache républicaine (comme s'exprimaient les *Iconoclastes*) a anéanti cette immortalité, en brisant ce monument. Les quatre figures des nations vaincues, enchaînées au piédestal, avaient déjà été enlevées avant la fête de la Fédération de 1790, pour éloigner de la vue des étrangers & des représentans, ce signe avilissant de l'esclavage, & en même tems pour sauver ces quatre chefs-d'œuvre du célebre *Desjardins*.

Sur le piédestal de la statue du Roi, on a élevé un obélisque de 50 pieds de haut en bois peint, comme monument du 10 Août. *Aux citoyens morts à la journée du 10 Août, la patrie reconnaissante.* Sous cette inscription placée sur les quatre faces de l'obélisque, sont peintes les figures de la Liberté, l'Egalité, la Concorde & la Force. On avait substitué aux inscriptions fastueuses de Louis XIV. la déclaration des Droits de l'homme & du citoyen, mais elle **a** été effacée, parce qu'on se plaignait hautement de voir subsister ce fragment de l'odieuse Constitution Jacobine de 1793, & que les feuilles publiques ont sommé le ministre de la police de le supprimer.

Sur le fronton du piédestal sont les quatre inscriptions suivantes, qui auraient leur mérite, si jamais on pouvait oublier le plan de la Révolution du 10 Août, son exécution & ses suites funestes pour tant d'infortunés.

Nous reposons sous nos lauriers, nous vivons dans les cœurs de nos freres.

La mort est le repos de l'homme libre ; patrie, tu nous rends immortels.

Plus de larmes, mais du sang ennemi : il est encore des tyrans.

Les jours se pesent, & ne se comptent pas : c'est le dernier asyle de la liberté.

L'obélisque disparaîtra bientôt avec ses inscriptions. La chaleur du soleil a desséché & déjoint les planches clouées qui forment ce monument, & il tombe par morceaux. Le peuple a pris en aversion ces souvenirs du gouvernement anarchique des Jacobins. Comme j'étais attentif autour de cet obélisque à lire les inscriptions, & que quelques mots à moitié effacés des dernieres lignes échappaient à mes yeux, je m'adressai à un homme qui avait des petites marchandises étalées sur une table : il accourut avec cette cordialité qui caractérise ces bonnes gens toutes les fois qu'un étranger les interroge ; mais dès qu'il eût entendu ma demande, il fronça le sourcil, & s'éloigna sans me répondre, en lançant sur le monument un regard plein de colere & de mépris.

Le gouvernement ressent combien les monumens érigés sur les places publiques pour la Révolution sont inconséquens, de mauvais goût & indignes de son caractere actuel. C'est pourquoi *Bénézech*, ministre de l'intérieur, par ordre du Directoire, a fait un appel à tous les artistes de la République, pour

un concours qui ne sera fermé qu'en Thermidor de l'année prochaine, pour la présentation
de modeles d'un autel de la patrie & de monuments à élever sur les Places des Victoires
Nationales, de la Concorde, Vendôme, & de la
Bastille. C'est le Directoire qui doit juger
entre ces modeles & arrêter les plans.

" Les monumens du génie & de la liberté,
dit le ministre, doivent être simples & majestueux : ils doivent par un aspect imposant
parler à l'esprit & au cœur : ils doivent inspirer une instruction profonde & de grands
souvenirs. C'est la voix de la génération
présente qui doit pénétrer les siecles à venir
pour commander à la postérité la plus éloignée le respect & l'admiration. Ils seront
les témoins durables de nos efforts, des avantages que nous avons conquis, de nos malheurs, de notre persévérance, de nos combats,
de nos victoires. Ce tableau de nos actions
doit arracher aux peuples de l'antiquité le
merveilleux éclat des leurs. Ils doivent enfin représenter le triomphe de la liberté,

élevant sa tête majestueuse & son trône sur les débris de la tyrannie, après la lutte opiniâtre, mais impuissante, de l'injustice & des préjugés contre la raison."

PLACE VENDÔME.

Le piédestal très-élevé, mais à demi brisé, de la belle statue équestre de Louis XIV. du célebre *Girardon*, a servi le 22 Janvier 1793 de lit de parade au cadavre sanglant du député de Paris, *Pelletier de St. Fargeau,* après son assassinat. On lit encore sur deux de ses façades l'inscription suivante : *Je suis satisfait de verser mon sang pour la patrie. J'espere qu'il servira à consolider la liberté & l'égalité, & à faire connaître ses ennemis.*

Ce sont les dernieres paroles qu'il a prononcées en mourant, & dont on a voulu perpétuer le souvenir. Le caractere de *le Pelletier* était doux & modéré. Il avait voté la mort du Roi comme beaucoup d'autres, par défaut de courage, pour échapper au poignard de Robespierre ; ce qui imprime sur son nom une tache, quand même la justice la plus sévere ne trouverait aucun autre reproche à lui faire. Il a été victime de son opinion.

Sa mort a été faiblement dédommagée par l'apothéose, oubliée depuis long-tems, dont on a donné le spectacle au peuple deux jours après la mort du Roi, pour faire le contraste avec cette terrible catastrophe,

PLACE DE LA BASTILLE.

LA où s'élevait au milieu d'habitations paisibles ce terrible château du despotisme, là où de noirs souterrains s'ouvraient pour engloutir des malheureux & se refermer pour jamais sur eux, une place libre reçoit la douce influence d'un ciel plus serein. On était encore occupé à enlever quelques décombres & à applanir ce terrain, auquel on a donné le nom de *Place de la Liberté*. Au milieu s'éleve une statue de cette déesse, de plâtre bronzé, d'un style Egyptien, très-sec.

Pour éviter les accidens qui pourraient arriver en marchant sur des voûtes à moitié détruites, on ne permettait pas l'entrée de la place ; une sentinelle, qui gardait la clôture de bois dont on l'a environnée, m'en avertit : je me souvins en ce moment de la promesse que j'avais faite à un de mes amis en Allemagne de lui rapporter une des pierres de la Bastille : mais le soldat s'y refusait, quoique je lui montrasse un billet de deux cents livres que j'avais tiré de mon porte-feuille. *A quoi vous sert d'entrer sur cette place,* me dit-il, *puisque vous la voyez d'ici.* *Je voudrais,* lui répondis-je, en lui montrant un tas de décombres à vingt pas de moi, *aller prendre une de ces pierres. Attendez un moment, & puis allez; mais dépêchez vous,* me dit-il, avec l'expression du sentiment. Alors il se retourna, & se mit à se promener. J'allai, ou plutôt je courus, & avant qu'il revînt sur ses pas, j'étais déjà à ma place, où je laissai tomber mon assignat, & je m'éloignai rapidement pour éviter au soldat la peine de me rappeller pour reprendre ce papier qui lui était destiné, & qu'il a sûrement trouvé.

Le Temple.

UN jour que j'errais dans les endroits de Paris devenus remarquables par la Révolution, je me trouvai engagé dans les petites rues qui croisent en tout sens l'enceinte des bâtimens du Temple, sans pouvoir trouver la sortie de ce labyrinthe. Cinq tours Gothiques accouplées pointaient au dessus des murs ; leurs fenêtres étaient en partie murées ; on avait cloué par dehors à celles des chambres qui renfermaient les prisonniers, des planches qui ne laissaient venir le jour que par en haut, & ne procuraient de point de vue que le ciel. C'est par là que je cherchais le chemin de la grande porte pour tenter de pénétrer dans l'intérieur du bâtiment & de visiter la prison de la Famille Royale. Je vis une fruitiere, étalée contre la muraille, à laquelle je dis, *citoyenne, où est l'entrée du château du Temple ?—La dame de la halle* me fit bientôt comprendre que ma question était mal posée. Le visage maigre

& jaune de cette sybille était silencieux, elle me mesurait avec des yeux fixes, la colere agitait les muscles de sa physionomie ; enfin elle s'écria, avec la grimace de la fureur : *Comment, Monsieur l'étranger ? Qu'appellez-vous un château ? Nous n'en avons plus, nous autres, grâce à Dieu.* A la réponse très-significative de cette femme furieuse, je dissimulai mon effroi, quoique mon imagination me retraçât dans l'instant les scenes épouvantables dans lesquelles les femmes de la halle & les poissardes ont joué le rôle des furies. *Pardonnez,* lui dis-je en me contenant, *je parle de la prison de votre dernier Roi.* Ce mot appaisa sur le champ cette hideuse parque. *Je vous entends, citoyen, suivez-moi.* Elle se leva, & m'accompagna une centaine de pas jusqu'à la porte, où je fus fort aise d'être débarrassé de cette terrible société. Elle m'avait averti en marchant qu'en frappant à la grande porte, un guichetier m'ouvrirait & me montrerait tous les coins du bâtiment. Effectivement la porte me fut ouverte par un petit homme maigre sur le pâle visage duquel sillonnait un noir chagrin, comme s'il était tourmenté par de tristes souvenirs. Je me trouvai dans une cour quarrée environnée de bâtimens, une seconde porte conduisait dans la cour intérieure, où je voyais dans l'éloignement la porte du Temple. Je fis part de mes désirs à mon conducteur, qui me témoigna très-amicalement sa bonne volonté de me montrer la tour & toutes les prisons, & de me donner tous les détails que sa mémoire fidele lui rappellerait ; mais il n'osait introduire personne sans une carte de permission du ministre de l'intérieur. Je promis de revenir & d'apporter une carte, qu'il m'aurait été facile d'obtenir dans les premiers jours, si des affaires plus importantes ne m'avaient occupé. Mais peu de tems après, la conjuration de *Drouet* fut découverte, plusieurs des prisons furent employées & fermées aux curieux ; il me fallut renoncer à la plus ample connaissance de ce géolier devenu si intéressant pour moi.

LES

Les Invalides.

CE Prytanée des défenseurs de la patrie est un monument honorable à son fondateur & aux Rois qui l'ont maintenu. Le gouvernement actuel se donne aussi beaucoup de soins pour procurer une vie douce aux guerriers que les blessures, la vieillesse & les maladies retiennent dans ce superbe bâtiment. C'est avec le plus grand intérêt qu'on voit ces soldats, dont l'âge ou les blessures ont terminé la carriere militaire, se rechauffant au soleil de la patrie, & sans soin de l'avenir, recevant de sa bienveillance le repos, la nourriture & l'entretien.

La guerre sanglante que la France soutient contre toute l'Europe a rempli ce bâtiment d'estropiés. Mais qu'est-ce que ce nombre en comparaison des innombrables victimes, des générations entieres, tant de la France que du reste de l'Europe, qui ont succombé sous cette irréparable calamité ! Si les souverains & leurs ministres pouvaient prévoir les terribles conséquences de ce fléau, pourraient-ils se moquer du projet de la paix perpétuelle comme d'un rêve philosophique ?

Un vétéran de soixante & dix ans, estropié d'un coup de feu dans la *Vendée*, après avoir servi sa patrie pendant cinquante-cinq ans, m'exprimant, les larmes aux yeux, son regret d'avoir terminé sa carriere par une guerre civile, me fit les plus grands éloges de la direction actuelle de la Maison des Invalides, de leur nourriture, de leur entretien. Conduit sous le bras par ce vieillard estropié, je traversai cinq cours de ce bâtiment colossal, je trouvai dans les salles l'ordre & la propreté, autant que pouvaient le permettre les circonstances actuelles, qui rendaient impossible l'entiere perfection de cet établissement. La superbe église était fermée, je ne désirais pas non plus la revoir, l'ayant autrefois admirée dans sa splendeur. Elle était devenue un magazin militaire, on en avait enlevé tous les chefs-d'œuvre de l'art qu'on avait placés dans d'autres dépôts.

Il ne manque rien au majestueux extérieur du palais des Invalides de Paris que l'honorable inscription de celui de Berlin :

Læso ac invicto militi.

Qui est bien plus belle, bien plus juste, bien plus satisfaisante, que cette autre inscription mille fois répétée sur tous les bâtimens publics de France, devenue sans effet & insignifiante :

Unité & Indivisibilité de la République, Liberté, Egalité & Fraternité.

Mais au moins on a effacé de ces innombrables inscriptions la finale terroriste, *ou la mort,* & à l'Hôtel des Invalides on y a substitué, *Humanité, Justice.*

Rien ne contraste davantage avec les sensations douces qu'inspire l'aspect de cet hôpital & le souvenir de sa destination philantropique, que la vue de quatre fonderies qu'on a élevées au bout des quatre avenues qui conduisent à ce bâtiment, & surtout des inscriptions gravées huit fois sur le sommet de ces maisons basses, en caractères de douze pouces, qui s'élevent aussi haut que le toît même :

Fabrication des canons de fusils, pour faire respecter aux tyrans l'unité & l'indivisibilité de la République, ou pour leur donner la mort.

Ce reste dégoûtant des saillies du terrorisme fait rire les passans : & la police de Paris, d'ailleurs si vigilante à anéantir tout ce qui peut rappeller le souvenir de cette époque épouvantable, devrait faire effacer cette absurde inscription.

LES THÉÂTRES.

Panem & Circenses a toujours été le mot du guet des Parisiens, ce l'est encore & ce le sera toujours ; la masse de la nation divisée d'opinion surtout le reste, est une & indivisible sur cet article. Il en était de même chez les anciens Romains, auxquels on compare les Français jusques dans leurs criminels excès. *Du pain & des spectacles !* ils ont à présent tous les deux en abondance, & quand le premier leur manquait ils avaient au moins les derniers pour rassasier la passion pour le plaisir & les jouissances qui les occupent tous les jours & à toute heure. Même les jours où la tête de leur malheureux Roi tombait, où le sang de 21 *Girondistes* coulait à flots sur l'échafaud, où des hécatombes de citoyens étaient sacrifiées par les bourreaux de *Robespierre*, toutes les salles de spectacle étaient pleines ! . . de l'échafaud de la Place de Révolution on courait à la comédie ! Robespierre qui connaissait la légereté de sa nation prenait les plus grands soins pour que cette passion fut satisfaite : quinze spectacles étaient ouverts tous les jours. Il ne manquait à ce tyran & à ses bourreaux, les Proconsuls dans les départements, qu'un appareil de lions & de tigres, des amphithéâtres comme à Rome & à Verone : alors pour se montrer tout-à-fait Romains & *Néroniens*, ils auraient donné au peuple des combats publics d'animaux, & ces milliers d'infortunés, qui ont péri en masse par la guillotine, *les mitraillades, les noyades*, auraient été livrés aux bêtes féroces : & ce lâche peuple, alléché par la nouveauté de ce spectacle cruel, aurait vu tranquillement encore ce massacre de ses concitoyens !

On retrouve l'ancien Paris dans la disposition brillante des salles de spectacles, dans l'illusion des décorations & des machines de l'opéra, dans ses danses & dans les grands talens de ses acteurs. Tout ce que les arts peuvent offrir de plus accompli s'y trouve réuni. La seule différence du tems présent au tems passé ne se montre que dans l'espece des spectateurs, dans le goût du public &

dans le genre de composition des pieces de théâtre. En revanche la danse & le dessein des ballets avaient acquis un degré de perfection, qui semblait surpasser les limites de l'art.

Tous les jours, à l'exception de quelques relâches de l'un ou l'autre théâtre, sont ouverts les quinze spectacles suivans :

Le Théâtre des Arts. Le Grand Opéra.

Le Théâtre de l'Opéra Comique : ci-devant *le Théâtre Italien.*

Le Théâtre de la Rue Feydeau : ci-devant *le Théâtre Français.*

Le Théâtre de la République, dans le Palais *d'Egalité.*

Le Théâtre Lyrique des Amis de la Patrie, ci-devant *Théâtre de Louvois.*

Le Théâtre des Vaudevilles.

Le Théâtre de la Citoyenne Montansier, dans le Palais *d'Egalité.*

Le Théâtre de l'Emulation.

L'Ambigu Comique.

Le Théâtre de la Cité.

Le Théâtre de la Rue Martin.

Le Théâtre des Jeunes Artistes.
Les Variétés Amusantes.
Le Théâtre Patriotique & de Momus.

Outre ceux-là, on s'attendait alors à voir r'ouvrir sous le nom *Athénien Odéon,* l'ancien Théâtre Français du fauxbourg St. Germain, fermé depuis long-tems pour les opinions anti-patriotiques, ou anti-révolutionnaires de ses acteurs.

Chacun des théâtres est très - fréquenté, chacun a son propre public, son génie, ses propres distinctions : mais les quatre premiers théâtres ont la plus grande vogue. Il faut s'y présenter de très-bonne heure, à moins qu'on n'ait une loge louée. Une longue file d'hommes sur deux rangs s'avance lentement, selon le rang de son arrivée, sous les portiques & jusque dans la rue pour aller prendre des billets à la grille du caissier. Des petits poliçons présentent des billets accaparés, qu'il faut payer avec usure, si on ne veut pas se résoudre à augmenter la file.

Le public de la plûpart des petits théâtres, qui ont le même espace que nos théâtres ordinaires de l'Allemagne, & qui sont décorés avec goût, est principalement composé de la classe inférieure du peuple. On s'en apperçoit d'abord à l'air asotique qu'on respire en entrant. Mais chacun d'eux se distingue par quelque bon acteur, quelque bonne chanteuse, ou un bon orchestre, ou quelqu'autre particularité, qui dédommage de la peine qu'on prend de faire de tems en tems la ronde de ces spectacles. Nulle part on ne rit si cordialement, si bruyamment, que dans ces temples de la divinité populaire. Mais il faut se boucher le nez, & surtout fermer ses poches ; car nulle part l'art de l'escamotage n'est poussé plus loin qu'à la sortie de tous les spectacles. Ici le fameux *Pinetti* trouverait ses maîtres. C'est l'affaire d'un clin d'œil, & les montres, les tabatieres, les mouchoirs, les porte-feuilles sont déjà en circulation dans la dixieme main. En vain espérait-on sauver son porte-feuille en le cachant dans une poche sous la rédingotte boutonnée sur la poitrine. Cette mesure, au contraire, ajoutait au danger d'être volé celui de perdre la vie ; les filoux savaient couper avec un rasoir, au travers de l'habit boutonné, la poche qui recélait le trésor. Malheur alors si cette opération césarienne était faite par un novice dans cet art, & rencontrait la poitrine au lieu de la poche ! aussi cachait-on son porte-feuille encore plus profondément dans une poche de veste. Plusieurs de ces voleurs se piquent de la réputation de *loyauté* dans leur *commerce*, & un homme de ma connaissance a éprouvé cette espece particuliere d'honnêteté. On lui avait volé son porte-feuille à la sortie de l'Opéra, le lendemain il reçut par la petite poste un paquet bien cacheté contenant sa carte d'étranger, son passeport, & quelques autres papiers qui eussent été inutiles au voleur.

L'esprit du jour & l'opinion régnante du public de Paris, ne se manifestent nulle part mieux que dans les spectacles, & c'est là qu'il est intéressant de les observer. Haine irréconciliable contre le terrorisme abattu, & contre tout pouvoir arbitraire ; respect pour la mémoire des malheureuses victimes de l'a-

narchie, penchant pour les principes modé-
rés & pour des mesures douces ; tolérance de
la classe meilleure des émigrés ; amour pour
les défenseurs de la patrie ; vif désir d'une
prompte paix générale au dedans & au dehors;
telle était pendant mon séjour l'opinion régnante de la nation, très-développée dans les
spectacles. On accueillait avec enthousiasme
tous les passages des pieces qui remuaient ce
beau genre de sensibilité, & les auteurs des
nouvelles pieces ne pouvaient pas employer
de meilleurs moyens pour gagner la faveur
du public, qu'en y plaçant beaucoup d'allu-
sions à l'opinion régnante. Il arrivait souvent que quelque terroriste caché dans la
foule des spectateurs, se hasardait à siffler ces
tirades favorites. Aussitôt éclatait le cri furieux : *à bas le siffleur, à bas le jacobin, à bas
le chouan !* Toute la salle était en rumeur,
le parterre & les loges étaient en mouvement,
& pendant plus d'un quart d'heure il n'y avait
pas un intervalle de tranquillité qui permît de
continuer la piece, jusqu'à ce qu'un spectateur, ou un acteur, en entonnant une des

chansons en faveur, ou en citant quelque ti-
rade convenable au moment, réussissait à appaiser la colere, à changer les cris de fureur
en applaudissemens, & à rétablir la tranquillité.

De pareilles disputes étaient occasionnées
par les chansons patriotiques qui, par ordre
du gouvernement, étaient chantées par les acteurs entre les deux pieces. Le Directoire
regardait ce chant public des hymnes patriotiques comme un moyen de ranimer l'esprit
public des Parisiens, qui diminuait de jour en
jour. Au commencement cela parut opérer.
On entendait avec un applaudissement général
quelques-unes de ces chansons remarquables
par l'excellence de la musique & des paroles.
Bientôt la contrainte de les chanter par ordre
supérieur nuisit à l'effet qu'on en avait espéré,
& la cabale, toujours active des factions con-
traires au gouvernement vint les traverser ;
car, quoiqu'on soit en général d'accord sur
les principes que j'ai détaillés plus haut, il s'en
faut bien que ces hommes vivant entr'eux
dans un conflit perpétuel se rallient à leur

gouvernement, & lui donnent des marques publiques d'adhésion. Le parti opposé au gouvernement s'entendait pour tourner contre les gouvernans certains passages de ces chansons, & pour les couvrir de bruyans *bravos* & de battemens de mains. Ces applaudissemens séditieux éclataient sur-tout chaque fois qu'on chantait : *Veillons au salut de l'Empire*, à la reprise, *Tyrans, tremblez, vous allez expier vos forfaits*, &, *Poursuivons les Tyrans, &c.* Sous le nom de *Tyrans*, ces hommes, insatiables de désordre, entendaient les cinq Directeurs, dont la conduite sage & humaine était accompagnée de sévérité & de force. Pour faire cesser les disputes de faction, l'ordre de chanter des chansons patriotiques entre les pieces a été retiré.

Le théâtre où la foule était plus nombreuse, plus mêlée & plus turbulente était celui de la République dans le Palais d'Egalité. Là s'élevaient, entre les factions opposées, les disputes les plus tumultueuses, toujours occasionnées par des passages des pieces interprétées selon les circonstances par les différens partis. Le premier acteur de ce théâtre est *Talma*, soupçonné pendant quelque tems de terrorisme. Il joint à une figure très-favorable pour le théâtre une connaissance profonde de la déclamation, & l'expression la plus forte des grandes passions ; mais sa voix est un peu monotone & chantante, sa déclamation paraît outrée, & ses gestes convulsifs. On est accoutumé à voir cette exagération des acteurs Français moins distingués, mais le spectateur délicat, qui aime à voir sur le théâtre la nature annoblie, ne peut pas s'accoutumer à ce qui est outré. Les deux freres Baptiste, Monvel & Monville sont acteurs de ce théâtre.

Le goût du public sur les productions dramatiques est aussi gâté qu'en Allemagne. Il s'est tourné vers un genre qui sera peut-être un jour suivi par notre public imitateur. Le fracas de la chevalerie & la fadeur de l'Opéra n'y réussissent pas comme chez nous. Il paraît que l'extravagante fantaisie des poëtes dramatiques pour plaire à un public républicanisé croit qu'il faudrait prendre un vol plus hardi dans les régions de la barbarie & de la terreur. Un jeune poëte, nommé *Mercier*, qui n'est pas sans génie, a eu un grand succès avec sa piece du *Lévite d'Ephraïm*, dont le sujet dégoûtant & atroce est l'histoire du viol & de l'assassinat tiré du dix-neuvieme chapitre du livre des Juges dans la Bible. Le Lévite raconte lui-même la scene cannibale dans laquelle sa femme est expirée dans les horreurs du viol, où lui-même dans la frénésie de sa soif de vengeance se jette sur le cadavre déshonoré de son épouse chérie, le coupe en douze morceaux & l'envoye aux douze tribus ; il le raconte avec les détails les plus minutieux, les plus dégoûtans, les plus révoltans, & à qui ? au pere de la victime !

Une seconde tragédie d'*Arnaud*; auteur de *Marius à Minturnes*, a pour sujet Oscar assassinant son ami, tiré du poëme d'Ossian devenu le poëte favori des Français ; le jeu excentrique de Talma, représentant Oscar, ajoute encore dans les détails des scenes à la barbarie de l'horrible canevas, faiblement gazé, de cette catastrophe théâtrale.

Le goût du théâtre de la rue Feydeau est infiniment meilleur. *Molé*, le Roscius du théâtre Français, y brille par la vérité de son jeu, par la finesse de l'expression caractéristique de ses rôles, par la justesse de sa déclamation; il est parfaitement secondé par la belle *Contat*, qui était il y a douze ans la plus aimable & la plus séduisante des actrices, & qui, malgré sa corpulence, est incomparable par l'aisance & les grâces de son jeu. Les plus habiles acteurs de la scene Française après eux, sont sans contredit *Fleury* attaché au même théâtre, & la séduisante *Lange*, aussi irrésistiblement aimable sur la scene, qu'attrayante & affable pour les étrangers dans sa maison, aussi remarquable par la magnificence du luxe que par la recherche du goût, où j'ai trouvé une société intéressante des principaux savans & poëtes de Paris aux pieds de cette Aspasie Française. On entend principalement dans les pieces de ce théâtre ces dialogues des Français distingués par l'éducation & le bon ton qu'aucun auteur dramatique

Alle-

Allemand ne peut atteindre, excepté *Schrœder* & *Effland* dans quelques morceaux.

La magnificence de l'Opéra avec ses brillantes décorations & ses ballets rassemble tout ce qui peut charmer les yeux ; elle enivre, surtout la premiere fois, le spectateur le plus froid & le plus réservé, & lui arrache l'admiration. Cet effet est inévitable, surtout dans les deux ballets de *Télémaque* & de *Psyché*, dont le charme ne peut être soumis à l'idée par aucune description : on tenterait vainement d'exprimer par des mots l'impression que les yeux & les oreilles reçoivent de cette représentation ; c'est l'effort le plus sublime de l'imagination dans l'ensemble du spectacle & des décorations. C'est le triomphe de la danse, là sont ses limites. Rien de plus parfait que les changemens de scenes rapides, légers & sans retards ; les météores, les apparitions, les disparitions des divinités sur des groupves de nuages ou dans des chars, sont pleins de vérité & d'effets pittoresques. Mais ce que l'adresse humaine, ce que l'art présentent de plus sublime, c'est la danse de *Vestris !*

Certainement tous les souvenirs que retrace ce spectacle enchanteur se rassemblent sur ce danseur incomparable. Quelques justes louanges que méritent *Gardel, Laborie, Deshayes*, & les charmantes danseuses, *Clotilde, Duchemin, Chevigné* & *Pérignon*, & précédemment la célebre *Guimard**, *Vestris* est sans contredit le plus parfait de tous les danseurs. J'ai vu les excellens danseurs *Laborie* & *Deshayes* avant *Vestris*, la grâce & la légéreté de leur danse me semblaient ne pouvoir pas être surpassées; mais auprès de *Vestris*, ils paraissaient lourds & maladroits. Dès qu'il se montre sur le théâtre, tous les regards sont tournés vers lui seul. Quand il s'avance sur la scene avec la grâce particuliere de chaque partie de sa belle conformation, lorsqu'il figure avec d'autres danseurs, on ne voit que lui, on remarque à peine sa charmante danseuse, qui développe toutes ses grâces pour plaire & partager les applaudissemens.

---

* Peu de semaines avant mon arrivée à Paris, cette admirable actrice, plus que sexagénaire, avait encore dansé une fois avec l'applaudissement général du public. *Note de l'Auteur.*

Vestris figure *Télémaque* dans ce ballet, &
l'Amour dans celui de *Psyché*. La parfaite
proportion de la figure, les grâces sublimes
des positions & de la statique, la légéreté
des mouvemens, la souplesse des membres,
la force & la rapidité avec laquelle il
tourne sur lui - même, toutes ces propriétés se réunissent dans tous les momens de
la danse de *Vestris :* tantôt du fond du théâtre, du centre d'un grouppe qui s'ouvre subitement, il s'avance sur la scene, il vole avec
la rapidité d'un éclair jusqu'à l'avant-scene ;
là il figure dans l'attitude la mieux dessinée ;
là commence la danse. Tantôt la masse des
figurans se dissipe, alors il forme le grouppe
le plus volupteux avec les deux charmantes danseuses *Chevigné* & *Pérignon*, ce
grouppe admirable se sépare lentement, se
reforme de nouveau en se variant, fait place
à des danses particulieres de chacun d'eux, &
se termine en se réunissant à la masse générale
des danseurs. Tantôt enfin, *Vestris*, dansant
seul, tourne douze fois sur lui-même, sans
sortir de la même place avec la rapidité d'un

ouragan, & tout à coup, comme si la pointe de son pied avait pris racine, reste suspendu avec les deux bras & une jambe en l'air dans la position de la statue du Mercure Médicis. Il se plaît surtout à cette figure, parce qu'elle développe plus qu'aucune autre le parfait équilibre avec lequel il maîtrise les mouvemens de son corps, qui n'éprouve aucun ébranlement : il serait cependant à souhaiter, malgré les universels & bruyans applaudissemens qu'elle lui attire, qu'il ne répétât pas si souvent cette figure favorite, & qu'il se livrât aussi plus rarement à des sauts violens, qui dégradent son talent de danseur.

Vestris sait faire ressortir la belle proportion de son corps & de ses membres par la simplicité & le goût de son habillement théâtral. Son vêtement ordinaire est une tunique blanche, descendant jusqu'aux genoux, bordée d'une bande de couleur différente, ou plutôt c'est une ceinture qui enferme les reins, & couvre à moitié les cuisses ; son corps est serré dans une veste de soie rouge & sa chevelure blonde, bouclée à plusieurs étages, est partagée par un bandeau bleu. Dans le rôle de *Télémaque*, comme il ne dansait pas, il portait un grand manteau d'un rouge foncé avec une bordure magnifique jetté négligemment, que tantôt il relevait avec grâce & légéreté sur une épaule, tantôt il développait pour le laisser flotter sur ses reins. Il s'étudie jusques dans les plus petits détails à perfectionner la correction du dessin dans toutes les attitudes de son art, & il ne manque jamais son effet sur le public qui l'admire comme le dieu de la danse.

Laïs est le premier chanteur de l'Opéra, c'est un admirable *Tenore*. Il a la voix flexible, l'énonciation pleine de goût & le jeu très-bon. L'épaisse & presque colossale *Maillard* est la premiere chanteuse, sa terrible voix produit une bruyante déclamation, son corps musculeux lui donne les mouvemens d'une bacchante. On maudit la grande étendue de sa forte voix dont elle n'abuse que trop souvent. Dans une boutade d'humeur contre la direction, elle avait abandonné le théâtre pendant quelques mois, & la charmante *Latour* avait pris ses rôles : je n'ai pas mieux vu jouer & chanter là Didon que par elle. Son jeu & son chant me rappellent vivement l'aimable *St. Huberti*, que j'avais vue jouant le même rôle en 1784 ; elle n'avait pas une aussi belle figure que Latour, mais elle excellait dans la déclamation du récitatif.

On donnait l'été dernier deux chants patriotiques avec la plus grande pompe sur le théâtre de l'Opéra, le *Chant du Départ* & *l'Offrande à la Liberté*. Le souvenir du plaisir toujours nouveau avec lequel j'ai vu le spectacle, surtout de ce premier chant, a trop d'attraits pour moi pour que je me refuse la satisfaction d'en donner une légere esquisse.

Un inconnu a fait les paroles du *Chant du Départ*, ou *Hymne de la Guerre*, & *Méhul* en a composé la musique. Les paroles, excepté quelques traits, n'ont pas un grand mérite poëtique : celle-ci est pleine de force & d'effet, surtout le Départ des Défenseurs de la Patrie pour marcher à l'ennemi, qui est la matiere de cette Hymne. Au milieu d'une musique guerriere, pleine de feu, la toile se leve. Une triple ligne de guerriers, prêts à partir, occupe la droite depuis l'avant scene jusqu'au fond du théâtre, & marche vers la gauche le fusil sur l'épaule ; à leur tête est un grouppe d'officiers. Un représentant du peuple en costume s'avance pour haranguer les soldats, & chante,

La victoire, en chantant, vous ouvre la barriere,
La Liberté guide vos pas,
Et du nord au midi la trompette guerriere
A sonné l'heure des combats, &c.

La République nous appelle,
Sachons vaincre, ou sachons périr ;
Un Français doit vivre pour elle,
Pour elle un Français doit mourir.

Le chœur des guerriers répete les quatre derniers vers : au bruit du tambour la ligne s'ébranle au côté opposé. Les meres de famille paraissent, elles exhortent leurs fils à combattre pour la patrie.

Tous vos jours sont à la patrie,
Elle est votre mere avant nous.

Le chœur répete. La colonne fait une évolution, les peres se présentent en avant pour voir partir leurs fils pour leur noble destination. La ligne fait une nouvelle évolution, alors on voit accourir leurs femmes & leurs enfans. "Quel moment touchant ! pendant le chant des épouses les petits enfans courent vers leurs peres, les serrent, se pendent à leurs cous, les peres les prennent dans leurs bras, les couvrent de baisers, les enfans courent au travers des rangs des autres soldats, les embrassent, grimpent le long de leurs fusils. Cette scene touchante émeut l'ame de tous les spectateurs. Les meres & les épouses, pendant un nouveau mouvement de la colonne, se rangent sur une colline au fond du théâtre, où elles forment un groupe pittoresque. Les dernieres chantent.

Partez, vaillants époux ; les combats sont vos fêtes.
Partez, modeles des guerriers :
Nous cueillerons des fleurs pour en ceindre vos têtes ;
Nos mains tresseront vos lauriers.
Et si le temple de mémoire
S'ouvrait à vos manes vainqueurs,
Nos voix chanteront votre gloire,
Et nos flancs portent vos vengeurs.
La République vous appelle, &c.

Après ce dernier chant, les guerriers jurent sur l'épée de leur chef de combattre pour la liberté & la paix. Alors on bat la marche, & la colonne monte la colline avec une musique militaire. Les guerriers sont reçus par leurs épouses, les enfans se précipitent dans les bras de leurs peres, & la toile se baisse au milieu des cris de joie des spectateurs.

Les longs applaudissemens qui suivent cet intéressant spectacle, qui se donne plusieurs fois par semaine, furent bien plus vifs le jour qu'arriva à Paris la nouvelle inattendue & généralement reçue avec indignation, de la suspension d'armes finie sur le Rhin, qui a occasionné la ruine d'une partie de l'Allemagne par les excès des armées indisciplinées. Tous les spectateurs s'écrierent *la Victoire & la Paix !*

L'Offrande à la Liberté, spectacle qu'on donne avec grande pompe à l'opéra, est le célebre chant de guerre, nommé *l'Hymne des Marseillois,* mise en action, cette marche militaire si remplie de dignité, de grandeur, de sentiment, de passion, de force & de feu, de la composition de *Rouget de Lille*. J'ai entendu des soldats dire que ce chant tout puissant & enthousiastique animait les armées dans les batailles ; qu'au milieu du feu de l'action, du fracas de l'artillerie, les soldats joignaient leurs voix aux instrumens, & se pénétrant d'enthousiasme, donnaient ou recevaient la mort, en chantant cette hymne : Rouget de Lille, étant venu l'été passé à Hambourg, a reçu un compliment très-flatteur de *l'immortel* Klopstock, qui lui dit, *vous êtes un homme effrayant, vous avez tué plus de cinquante mille braves Allemands.* J'ai appris à Paris de cet estimable *Rouget* lui-même, qu'il était officier du génie à Strasbourg, lorsqu'au commencement de cette lutte effroyable en faveur de la liberté & de la patrie, les Français n'avaient encore pour chants de guerre que des vaudevilles & des chansons des rues. On le pria de composer une hymne martiale ; plein de l'enthousiasme poëtique, il s'enferma, & dans une nuit, il composa les paroles, & y adapta sa propre musique. Malgré cette hymne immortelle,

& le courage qui a distingué le poëte pendant la guerre, *Rouget* a été deux fois emprisonné & suspecté, tantôt de royalisme, tantôt de terrorisme.

La scene la plus touchante du spectacle de cette hymne, dont on varie souvent le tableau sur le théâtre de l'opéra, est l'instant où avant que l'on entonne la derniere strophe : *amour sacré de la patrie !* une troupe de guerriers avec les drapeaux flottans s'avance vers le Temple de la Liberté, au son d'une musique pleine de feu, accompagnée de jeunes filles, de jeunes garçons & d'enfans, qui apportent une offrande de fruits & de fleurs sur l'autel de la patrie. Toute cette foule se précipite à genoux devant la déesse, pendant qu'on chante le dernier vers accompagné d'une musique très-douce. A la fin de la strophe : *que nos ennemis expirans voyent ton triomphe & notre gloire !* Tout à coup le tonnerre du canon ennemi éclate dans le lointain, en un moment le bruit des armes devient universel. Le roulement des tambours, le cliquetis des armes, le son bruyant de la trompette accompagnent le cri de guerre, aux armes ! Les femmes & les enfans fuyent d'un côté, les hommes s'avancent impétueusement de l'autre contre l'ennemi, & la toile tombe.

Il y a douze ans, lorsque je passai d'Italie en France, les célebres orchestres de Venise & de Naples avaient rendu mon oreille trop délicate, cependant l'orchestre de l'opéra de Paris fit alors sur moi une grande impression, & me força à l'admiration. Cette partie séduisante de l'opéra n'est plus la même. Je n'ai pas trouvé l'orchestre aussi fort qu'autrefois, il est plus mal conduit, l'ensemble, la vie, la précision, la force, le goût de son exécution sont affaiblis. Ce n'est point la direction de l'opéra qu'il faut accuser de produire cette décadence par son avidité & sa lésine, lorsqu'on peut l'attribuer à une cause plus générale. Les arts languissent encore en France. Où l'artiste prendrait-il de la force, lorsque le besoin l'abat ? Tant que le désordre des finances s'opposera à l'accomplissement des vœux du gouvernement qui désire protéger & encourager les arts, tant que l'heureuse époque ne sera pas encore arrivée, où les artistes, sans inquiétude sur leur subsistance, assurés d'un bien-être médiocre, pourront se livrer à leur génie ? Paris possede cependant encore beaucoup de bons musiciens dignes d'un meilleur sort. Les suivans sont les plus aimés, & ceux qu'on appelle les virtuoses : je ne donne pas cette liste comme complete, surtout pour les chanteurs :

Compositeurs : *Gossec, Mehul, Gretry, Lesueur, Chérubini, Martini & Langlé.*

Violons : *Kreutzer, Rode, Laboussaye,* premier violon du théâtre de Feydeau, *Guenin,* premier violon de l'opéra, *Viotti* & les deux freres *Blasius.*

Violoncelles : les deux freres *Janson,* dont l'aîné excelle.

Flûtes : *Hugot,* très-fort. *Devienne,* en même tems agréable compositeur.

Bassons : le même *De Vienne, Ozi, Delcambre.*

Hautbois : *Sallentin,* excellent.
Clarinette : *Lefevre* à l'Opéra.

Cors : *Punto*, le plus grand virtuose de cet instrument qui soit vivant.

Piano-Forte : *Steibelt*, excellent, même comme organiste. *Hermann*, très-fort : les freres *Jadin*, bons compositeurs. *Séjan*, excellent organiste, que j'ai entendu plusieurs fois avec grand plaisir, & dans l'église de St. Sulpice, quoiqu'il n'exécute pas aussi bien que l'Abbé *Vogler*, & quoique cette belle orgue ne puisse pas être comparée à plusieurs excellentes orgues Allemandes, même dans les églises de Hambourg.

Les principaux chanteurs & chanteuses sont, à l'opéra : *Laïs*, excellent ; *Chéron*, une belle basse-taille ; Mademoiselle *Maillard*, une forte voix d'une grande étendue ; Mademoiselle *Latour*, une belle voix pleine & flexible.

A l'Opéra Comique, ci-devant les Italiens : Madame *Davrigny*, ci-devant Mademoiselle *Renaud*, excellente par la légéreté de sa voix & la justesse de son intonation. *Chenard*, *Michu*, *Martin*, Mademoiselle *St. Aubin* & Mde *Dugazon*.

Divertissemens Publics.

LES nombreuses sources de plaisir qui rassemblaient les classes inférieures des habitans de Paris ne sont pas entierement épuisées, mais elles sont beaucoup diminuées. Ce changement n'est pas étonnant d'après celui des circonstances & surtout de l'opinion de la plûpart de ceux qui en jouissaient. Le ton bruyant de la grosse joie, de la musique & de la danse, qui retentissait surtout dans les fauxbourgs, dans les rues & dans les maisons où se rassemblait le petit peuple, est devenu beaucoup moindre. Il est remplacé par un certain air d'indifférence stoïque, qui malgré la légéreté du caractere national, forme la physionomie de la plus grande partie du peuple, partout où il est rassemblé en quantité, & ne pourra pas être rasséréné avant la paix tant désirée. A la vérité les fêtes publiques, telles qu'elles sont instituées, ne sont gueres propres à inspirer la joie.

Quant aux divertissemens des classes su-
périeures, concerts, bals, illuminations de
jardins, feux d'artifice, j'en ai trouvé quelques-uns très - fréquentés, d'autres moins,
mais presque aucun brillant par la société elle-
même. A quelques exceptions près, dans
toutes les assemblées publiques, j'ai trouvé
que le tems présent ne peut pas soutenir la
comparaison avec le tems passé pour l'habillement des femmes, tant à l'égard du choix,
du goût & de l'éclat, que pour la valeur in-
trinseque des ornemens. Ce n'est pas que
les nouvelles républicaines affectent la simplicité des Spartiates ; hélas ! elles en sont aussi
éloignées que de la pratique de leurs vertus !
Il semble plutôt que c'est par mauvaise humeur que les dames négligent leur toilette.
Mais cet abus est éphémere comme le caprice de ces dominatrices du genre humain.
Peut-être à l'heure où j'écris ces remarques,
le temple brillant de la mode, avec toutes les
décorations du luxe & du goût, est-il r'ouvert
pour les Françaises, les premieres favorites de
cette changeante divinité.

Wentzel

Wentzel & *Ruggieri* étaient, pendant cet été, les principaux entrepreneurs des plaisirs qui exigent le concours des arts, & les temples qu'ils avaient ouverts étaient les plus fréquentés. L'excellente fabrique de fleurs de *Wentzel* était sans activité, parce qu'il manquait de débit, & surtout de débouchés extérieurs. Dans la salle de cette fabrique, on voyait encore quelques ouvrieres qui travaillaient à imiter toutes les fleurs & les feuilles connues, d'après une collection rangée contre les murailles, peinte par d'excellens peintres de ce genre.

Wentzel fait mieux ses affaires avec l'entreprise des concerts & des bals qu'il donne chez lui par souscription. L'orchestre est excellent, & on y entend les premiers virtuoses. L'assemblée est nombreuse & brillante. Les bals commencent après le concert dans une autre salle galamment décorée. Il s'y rassemble cependant plus de spectateurs que de danseurs. La renaissance de l'honnêteté extérieure & de la bienséance, si fort défigurées par les sans-culottes, forme une époque caractéristique, dont on voit le progrès dans deux billets affichés dans la salle de bal, dans lesquels les *citoyens dansans* sont amicalement invités par les *citoyennes dansantes* de ne pas danser avec des bottes, qui gâtent leurs ajustemens, de ne pas se présenter dans la salle de bal avec des pantalons, des vestes courtes, & autres décorations des *ci-devant sans-culottes*, & avec le chapeau sur la tête. Il paraît que les citoyens s'étaient laissé fléchir, car la danse en bottes était disparue, & on voyait rarement quelques pantalons dans cette salle.

Les *fêtes champêtres*, dans le jardin de *Ruggieri*, rue Lazare, sont toujours très-pompeusement annoncées dans les Petites Affiches de Paris. Ordinairement en pareil cas la richesse est dans l'annonce, & la mesquinerie dans la réalité : ce n'est pas le cas chez *Ruggieri*. L'illumination du jardin est pleine de goût ; on danse dans une place circulaire dans le bois ; l'orchestre est composé de fort bons symphonistes, & le feu d'artifice qui termine la fête champêtre fait un grand effet.

Le long des Boulevards & dans les faux-bourgs il y a encore quelques maisons & jardins où l'on donne des bals & des illuminations, mais elles ne sont pas beaucoup fréquentées par la bonne compagnie. Ce sont les temples des déesses subalternes & de leurs adorateurs.

L'Esprit des Papiers Publics.

Les papiers publics, cette occupation de l'oisiveté, sont un besoin de premiere nécessité pour les Parisiens ; aucune classe du peuple ne peut s'en priver. Chaque lecteur, suivant le parti auquel il s'est attaché, soit par fantaisie, soit par conviction, se choisit parmi le grand nombre de folliculaires un prophete politique, d'après lequel il jure exclusivement.

Ce besoin général rend les papiers publics d'une très-grande importance, tant pour le profit que comme arme politique : c'est avec eux que la Révolution a commencé, que les partis se combattent, que le gouvernement lui-même se soutient.

Il existe dans les bureaux du Directoire une liste imprimée de toutes les feuilles qui paraissent par jour, par semaine, ou par mois dans Paris, & quoiqu'elle ne puisse pas être très-exacte d'après l'augmentation journaliere de ces feuilles, on peut juger d'après son énumération que ce travail des Parisiens est colossal comme tous les autres travaux de cette ville monstrueuse. On peut avancer d'après cette liste, que par jour, ou par semaine, il paraît environ cinquante papiers publics, & on pourrait, sans exagération, en compter beaucoup davantage, s'il ne régnait pas sur ce genre d'ouvrages une mortalité excessive, au moyen de laquelle on peut dire aujourd'hui de la feuille qu'on a lue hier ; *elle est morte.* Beaucoup de ces folliculaires meurent *incognito*, même après avoir fait beaucoup de bruit dans leur vie de nouvellistes. On rejette leurs feuilles, parce qu'on n'a déjà que trop de remplacement dans d'autres ; plusieurs journaux commencent & vivent un mois, d'autres à peine deux jours ; un autre survit à une catastrophe, & s'évanouit au bout de quelques jours ; la forme, le titre, le fond, le nom de l'auteur changent, & il reparaît de nouveau. Maint journal existe encore, quoique son éditeur repose depuis long-tems parmi les autres victimes dans le tombeau de la Révolution, à Vaugi-

rard ou dans l'église de la Magdeleine,
L'histoire de tous les journaux actuels ne
remonte pas au delà du début de la Révolution.

La forme matérielle de ces feuilles publiques, excepté *le Moniteur*, encore pas en
tout tems, *l'Historien*, *la Sentinelle*, & quelques feuilles officielles, est très-cynique ; du
papier brouillard gris & sale, des caracteres
illisibles, des mots, des lignes entieres effacées.
Il faut prendre le ton d'un historien abbrévia-
teur pour donner une description métho-
dique des principaux journaux qui paraissent
à présent ; je vais le tenter, & je demande de
l'indulgence.

Voici la liste de toutes les gazettes, feuilles
& écrits périodiques, politiques & littéraires,
qui paraissaient l'été passé, telle que j'ai pu
me la procurer du Bureau du Directoire
Exécutif. Dans cette liste on avait mis très-
peu de noms des Editeurs auprès de leurs
ouvrages, j'ai tâché d'y suppléer autant que
j'ai pu m'en instruire.

Noms des Journaux.	*Noms des Editeurs.*
Moniteur	Regnier & Trouvé.
Républicain Français : .	Brosselard & Chazot.
Courier de la Législature & de la Guerre.	
Courier Français.	
Courier d'Egalité.	
Journal du Soir	Etienne Feuillant, proprement les Freres Chaigneau.
Journal du Matin & du Soir	Sablier.
Journal de Perlet . . .	Perlet,
Journal du Matin . . .	Jacquin,
Gazette Nationale de France	
Journal des Loix . . .	Galetti.
L'Abbréviateur Universel	Racine.
Mercure Français	
L'Eclair	Bertin.
Messager du Soir . . .	Langlois.
Postillon de Calais	Calais.
Annales de la République Française	Rouillet,
Annales Politiques . . .	Mercier.
Journal de Paris . . .	Rœderer & Corancez.
Censeur des Journaux .	Gallais.
Historien	Dupont de Nemours.
Nouvelles Politiques . .	Suard.

Noms des Journaux.	Noms des Editeurs.
Bulletin Universel, *ou* Papiers-Nouvelles.	
Journal de France . . .	Freres Chaigneau.
Mercure Universel . . .	Cussot & Batié.
Journal Militaire	
Bulletin de Littérature .	Lucet.
Décade Philosophique & Littéraire	Say, Ginguené, Boisjolin & autres.
Petites Affiches	
Bulletin des Nouvelles & Indications.	
Journal des Débats & Décrets	Baudouin.
L'Ami des Lois	Poultier.
Journal des Hommes Libres	Vatard & Antonelle.
L'Orateur Plébéïen	
Tribun du Peuple . . .	(Babœuf.)
L'Ami du Peuple . . .	Lebois.
Journal des Patriotes de 1789	Réal.
Sentinelle	Louvet.
Le Batave	Dusaulchoy.
Gazette Historique & Politique de la France & de l'Europe	
L'Auditeur National	
Gazette Française . . .	Debarle.
Magazin Encyclopédique .	Millin.

Noms des Journaux.	Noms des Editeurs.
Prix courant	
Le Véridique	Husson.
Tableau de Paris, *à présent* Feuille du Jour, ci-de-vant, Quotidienne	Michaud.
Courier de Paris, *ou* Chro-nique du Jour	Imbert de la Platiere & Labatut.
Le Bon Homme Richard	
Gardien de la Constitution	Jolivet, *dit* Barallere.
Courier Républicain	Poncelin.
Courier de la Librairie	
L'Anti-Royaliste	
Annales Religieuses, Politi-ques & Littéraires	
Journal des Campagnes	
Rédacteur	Thuaut.
Journal du Lycée des Arts	Desaudray.
Journal des Enfans	
Journal Allemand, der Pa-riser Zuschauer	Böhmer, Blau, Nimis & Dorsch.
Journal de la Justice Ci-vile, Militaire & Com-merciale	
Annales de la Religion	Grégoire.
Bulletin de la Semaine	
Journal des Finances	
Le Contradicteur, *ou* la Re-vue	
Le Publiciste Philantrope	Xavier Audouin.

Dans le flux & reflux de cet océan folliculaire, une pareille liste ne peut pas conserver long-tems son exactitude. Elle était déjà fautive pendant mon séjour à Paris, & doit l'être devenue beaucoup plus. Voici quelques feuilles journalieres qui ont paru alors, ou depuis mon départ.

Journal des Défenseurs de la Patrie.
Courier Universel.
Le Ménager.
Le Miroir.
Le Grondeur.
Le Postillon des Armées.
Mes Tablettes.
Rapsodies du Jour.

Et les feuilles périodiques littéraires & politiques suivantes :

Journal Polytechnique.
Journal des Mines.
Journal des Artistes.
Journal Général des Inventions & des Découvertes.

Ressources de la République .Française, ou *les Conquêtes de l'Industrie Nationale.*

Bulletin Littéraire.

Terpsichore.

*Journal d'Economie Publique, de Morale & de Politique.**

Je joindrai ici quelques remarques particulieres sur la totalité de ces journaux, & sur le mérite de plusieurs d'entr'eux, qui étaient ma lecture journaliere dans le cabinet de lecture du *Lycée Républicain.*†

Toute l'armée des gazettes de Paris se range en *Feuilles du Matin* & *Feuilles du Soir.* Parmi

---

* Très-bon journal nouveau de l'estimable *Rœderer,* accueilli généralement, ainsi que la *Décade Phisosophique & Littéraire,* journal littéraire du même genre, très-goûté du public. Il contient des extraits de différens ouvrages accompagnés de réflexions sur toutes les parties de l'art du gouvernement, & quelques projets ou conseils sur différens objets. *Note de l'Auteur.*

† J'ai obligation à un savant Allemand établi à Paris, qui a étudié cette matiere, d'une partie de ces remarques que j'ai jointes aux miennes sur cet intéressant objet. *Note de l'Auteur.*

ces feuilles, les unes plaisent généralement ;
les autres conviennent à une certaine classe ;
d'autres ne sont que des compilations ; la
plûpart portent le cachet d'une faction. Le
gouvernement a ses feuilles officielles. Il
n'y a proprement que deux feuilles populaires,
car il n'y faut pas comprendre la feuille sé-
ditieuse *l'Ami du Peuple, par Lebois* : c'est
un jacobin frénétique qui déclare que le gouvernement de terreur & de sang de *Robespierre* est le salut de la France, & qui invoque ardemment ses démons pour le rétablir,
ni la feuille de cour le *Tableau de Paris.*

Les Gazettes du Soir sont tous les soirs ven-
dues dans les rues par des crieurs qui les colportent. La promptitude de leur rédaction
& de leur impression est merveilleuse. Le
Conseil des Cinq Cents leve ordinairement
ses séances à quatre heures & quelquefois plus
tard, & dès six heures on entend crier dans
les rues : *Voilà la Séance d'aujourd'hui des
deux Conseils* ; & il est rare qu'on n'y trouve
pas un précis très-exact des débats du jour,
quelque longs & compliqués qu'ils soient.

On ne reçoit point les feuilles du soir par abonnement, excepté le *Journal du Soir d'Etienne Feuillant,* & le *Messager du Soir.* Croirait-on que la feuille de *Feuillant* est un objet de commerce de plus de cent mille livres de profit, quoiqu'on n'en débite que neuf à dix mille exemplaires par jour, pendant que les autres feuilles, excepté le *Journal de Paris de Rœderer* & le *Moniteur,* n'ont presqu'aucune valeur.

Etienne Feuillant observe la plus exacte impartialité, & ce mérite, qui est le sublime de l'art d'un journaliste, lui assure chez les Parisiens un crédit inébranlable. Cet éditeur, ou plutôt le véritable compositeur, un tachigraphe salarié de l'imprimerie des freres *Chaigneau,* homme d'ailleurs peu signifiant, a si bien établi, depuis plusieurs années, sa réputation d'historien impartial, qu'on a dit dans un certain Vaudeville : " il était un tems où chaque mot était payé par la mort, quand on ne savait pas le dire comme le *Journal du Soir.*" *Etienne Feuillant* demeure à sa maison de campagne. Ayant acquis une grande fortune par la Révolution, dans la sédition royaliste de 1795, il a été dans sa section un des principaux orateurs contre la Convention: cette conduite le caractérise. Cette feuille n'aura jamais de rivales, si elle conserve toujours son caractere impartial. Elle est en butte aux *contrefacteurs*, qui sont très-nombreux. Un malheureux imprimeur, mourant de faim, se procure une presse, & imprime, dans quelque taudis de la rue de *Chartres*, où est l'imprimerie de *Feuillant*, une misérable feuille du soir, qu'il fait colporter par de petits garçons, & par cette contrefaction, traîne pendant quelques mois l'existence d'une chenille qui vole un vers à soie. Pour se conserver la vogue, il se permet quelquefois des plaisanteries. L'épouse du Directeur Carnot venait d'accoucher d'un garçon ; le même soir, on lisait dans cette feuille pseudonyme : *la citoyenne Carnot vient d'accoucher d'un petit Directeur* ; & de peur que les lecteurs ne s'apperçussent pas de cette plate plaisanterie, le petit garçon criait à pleine gorge : *là, voyez l'accouchement de la citoyenne Carnot !* Ces poliçons vendent facilement ces feuilles qu'ils débitent sous un faux titre, & qui sont à meilleur marché que la véritable, & rient aux dépens des sots qu'ils attrapent. Pour se soustraire à cette tromperie, il faut bien remarquer le format, les lettres & la divison des articles de cette feuille, & la demander sous le nom des freres *Chaigneau.*

Le Postillon de Calais, une troisieme feuille du soir. Ce postillon va toujours & n'arrive jamais. C'est une misérable feuille, qui ne se soutient que parce qu'elle se débite la premiere après le faux Journal du Soir : elle trouve quelques acheteurs trop pressés & trop aisés à contenter.

A six heures, au moment où paraît le véritable *Journal du Soir,* se répand l'essaim des autres feuilles dans l'ordre suivant :

Une certaine feuille, dont le propriétaire se nomme Sablier, intitulé *Journal du Matin & du Soir,* a l'unique mérite, s'imprimant la nuit, & les feuilles du matin sortant de la presse à dix heures du soir, de donner les nouvelles plutôt que les autres, lorsque les séances des Conseils finissent très-tard, ou se prolongent dans la nuit.

Mercure Universel, nouvelle feuille sans plan, s'imprime dans une boutique clandestine.

Messager des deux Conseils, de même.

Le *Batave*, était d'abord une feuille du matin, à présent, sans doute par nécessité, se colporte le soir. Elle attire des grouppes nombreux par la longueur de son titre & de ses annonces, ainsi que les autres feuilles du soir, excepté le *Messager*, parce que la déclamation des jeunes gens qui les colportent, accompagnée de leurs gestes convulsionnaires, donne la comédie aux passans. Son éditeur *Dusaulchoy* a le talent d'intéresser le public des grouppes, dont je parlerai plus bas.

Journal des Lois, on ne connaît que son propriétaire actuel *Galetty*, mais point son véritable éditeur, qui est vraisemblablement un Député. Elle est trop bien écrite pour avoir besoin du colportage, qui est une pure spéculation de l'imprimeur. Comme feuille du soir, elle n'est attrayante ni pour les grouppes

des

des rues, ni pour la bonne compagnie : elle appartient proprement à la classe des feuilles de parti.

Le Courier de Paris, ou la *Chronique du Jour*, par Labatut & de la Platiere, n'existe que depuis six mois. Je l'ai nommé *Feuille de Cour*, parce qu'elle est caméléontique, prend toutes les couleurs, & figure sous tous les masques. Elle loue les Directeurs & les Ministres avec emphâse, prêche aux Royalistes la pénitence, aux Emigrés le pardon des fautes & la vie, & les malédictions aux Jacobins; cependant elle n'annonce à aucun la félicité éternelle. Elle rassemble des anecdotes, insere des vers aux honnêtes dames & demoiselles comme aux catins, annonce les livres, reçoit les dénonciations, est le champ de bataille de la guerre de plume: enfin, grâce à sa modération, elle a joui de l'abonnement ministériel, & le reçoit peut-être encore sous main. Excepté son premier article, qui, ordinairement prêche la paix à tous les partis, & donne le tableau du moment de Paris, tout le reste est sans génie & sans force.

Une de ses introductions a eu dernierement l'honneur d'être ré-imprimée & affichée par le gouvernement.

Enfin, à huit heures du soir retentit le cri : *Voilà le Messager du Soir*, ou *la Gazette de l'Europe*, dans toutes les sections autour du Palais d'Egalité. Quiconque à Paris est amateur de gazettes, & depuis l'établissement du *Messager du Soir*, c'est-à-dire depuis le 9 Thermidor, a observé les combats des factions, ou y a pris part, achete les deux feuilles les plus estimées, le *Journal du Soir d'Ètienne Feuillant* & le *Messager du Soir de Langlois* ; cette derniere, par sa tournure, appartient à la classe des feuilles de parti.

Le prix de toutes ces feuilles du soir, quand on ne se laisse pas tromper, n'a été jusqu'à présent que d'un sol, mais comme tout renchérit, depuis que l'argent a pris la place du papier, il sera bientôt à deux sols, sur lesquels le colporteur a un tiers de profit.

Un mot sur le public des grouppes avant de passer aux *feuilles du matin*. Ces grouppes qui s'assemblent autour du crieur de pa-

piers publics étaient bien plus nombreux &
plus intéressans pendant la Révolution. Sur
l'annonce d'une nouvelle importante, une vie
nouvelle se répandait dans ces grouppes, des
débats s'élevaient, le pour & le contre était
discuté laconiquement & souvent avec énergie. On prenait alors plus de part à tout ce
qui arrivait, par conséquent aux annonces de
ces crieurs. A présent cela est bien changé ;
mais quel est l'ami de la tranquillité publique
& de l'ordre qui peut s'en fâcher ? A présent
on voit à peine quelques soldats qui attendent
les nouvelles de la guerre, quelques espions de
la police, qui veillent sur les colporteurs &
les auditeurs, quelques rentiers affamés
qui soupirent sur un rapport de la commission des finances. Si quelqu'un de ces différentes classes, ou quelqu'étranger curieux ne
s'avance pas, le malheureux colporteur crie
en vain plus haut pour attirer des auditeurs:
souvent, lorsqu'il ne voit personne autour de
lui, il s'arrête au milieu de sa déclamation, & va
gagner un autre coin de rue, en maudissant ses
mauvaises pratiques. Un trait de l'esprit public

actuel! J'ai souvent entendu, lorsqu'un colporteur criait avec une voix assurée les grandes nouvelles de victoires, des passans les interrompre en criant : *va-t-en au Directoire avec ton cri de victoire! plus de victoires! c'est la paix qu'il faut nous annoncer.* Au contraire, quand le colporteur laissait échapper les mots *négociations de paix,* les passans les plus éloignés, en un saut, arrivaient à lui, & lui arrachaient, en criant *donne, donne,* la feuille qui ne contenait souvent qu'un mensonge du gazettier. *La paix,* est le cri public de Paris ; les colporteurs qui connaissent cet aimant, attirent les chalands en criant *la paix* avec une voix de tonnerre.

Feuilles du matin: je compte parmi celles-là, 1°. les compilateurs, qui sont les plus courues & les plus authentiques.

Le Moniteur. Le mérite essentiel de cette excellente production de l'industrie littéraire ne consiste pas seulement dans la précision du tachigraphe qui donne les séances du Corps Législatif, mais dans les talens de *Trouvé,* qui soigne cette partie, & de *Régnier,* qui compose la partie politique. Ces deux hommes sont des républicains nobles & purs, qui ne se sont jamais souillé en prenant aucun parti dans les factions. Ils appartiennent à la classe des hommes vertueux. Plût à dieu que cette classe formât la masse du peuple en France ! Ces rédacteurs méritent, & jouissent de la confiance de tous les partis. Il est presqu'impossible de se procurer à Paris une collection complette du Moniteur, & l'imprimeur a très-bien fait d'en entreprendre une seconde édition, dont la premiere année paraîtra en Juin 1797 : cette nouvelle édition, augmentée d'un supplément des pieces officielles les plus importantes en matieres d'état, & d'une table des matieres complete, aura bien des avantages sur la premiere, & formera un recueil classique indispensable pour l'histoire de la Révolution Française. Ce bel ouvrage est une preuve que la vraie vertu inspire l'estime. Le *Moniteur* n'a attiré à son auteur ni calomnie, ni guerre de plume, ni injures Royalistes, ni anathêmes anarchistes, quoiqu'en Octobre 1795, il ait dit avec sévérité

& très-librement son opinion républicaine; aux gardes nationales de Paris, ainsi qu'aux prédicateurs de la communauté des biens, pendant le printems de 1796.

Le Journal des Débats & des Décrets est une simple spéculation d'imprimeur. Le propriétaire *Baudouin* se contente de faire imprimer sans changement & sans commentaire le travail de son tachygraghe dans les deux conseils & 'les arrêtés du Directoire : de tems en tems il y a joint une table intéressante des rapports & des motions dont le corps législatif ordonne l'impression. *Baudouin* est imprimeur du corps législatif, comme il l'était de la convention, il vend ses feuilles à un prix très-modique, étant assez raisonnable pour faire profiter le public des dépenses que fait la nation pour les frais d'impression.

Le Journal de Paris de Rœderer & Corancez est une des feuilles qui jouissent d'une réputation inébranlable. Le nom de *Rœderer* lui donne de l'importance, & la feuille des annonces qui y est jointe est utile générale-

ment. La partie des transactions du corps
législatif est rédigée avec le plus grand soin.
Le Journal de *Rœderer* n'est point partial,
car en même tems qu'il parle contre la faction de 1793, il ne traite pas moins séverement
celle de 1791 à laquelle il tient. Il donne
ordinairement quelques extraits de sa composition, sóit de philosophie, ou de politique,
ou d'économie statistique, ils sont toujours
pleins d'esprit, mais ils pechent quelquefois
par l'exactitude. On peut lire avec confiance
les nouvelles qu'il insere, car *Rœderer* n'est
pas seulement un journaliste, mais un homme
d'honneur.—J'invoque tous les dieux de
l'Olympe, & toi surtout Mercure, grande
divinité des journalistes, pour que la probité
soit à l'avenir la propriété imperturbable des
journalistes politiques & littéraires dans le
monde chrétien, ou non chrétien ! Hélas !
cela n'a jamais existé depuis l'invention de
l'imprimerie jusqu'à présent.

La Gazette Nationale de Paris, sous les ministres, pendant l'assemblée législative & la

convention, avait l'avantage d'être une feuille officielle, elle ne l'est plus, mais elle a le mérite de rassembler avec soin & exactitude les nouvelles étrangeres. Elle est en société pour la propriété & la rédaction ; elle donne aussi les séances des conseils avec précision & avec choix. Elle n'est point feuille de parti, & lorsqu'il survient des crises, elle est toujours décisive en faveur de la République.

Le Journal du Matin rassemble sans choix tout ce qu'il trouve, & se colporte le matin avec *Sablier* & le *Courier Républicain.*

2°. *Feuilles Populaires.*

Le Bon Homme Richard est écrit avec gaîté, vérité & cordialité, d'un style populaire, à portée des plus basses classes, son bon sens satisfait souvent les lecteurs les plus éclairés. Il jouit d'un petit abonnement du gouvernement.

Le Journal des Campagnes contient des instructions, des expériences & des projets pour les cultivateurs & les nouvelles indispensables.

3°. *Les Feuilles de Parti.*

Sous le nom de Parti, on n'entend pas les deux factions opposées au gouvernement, les Royalistes & les Anarchistes. Il est question de la guerre de plume des journalistes entr'eux, dans laquelle ils s'accusent mutuellement de dépendance à l'une ou l'autre de ces factions. *Poncelin,* par exemple, traite *Louvet* & sa *Sentinelle* d'anarchiste, pendant que *Le Bois,* dans son *Ami du Peuple,* le traite de Royaliste, & que la querelleuse *Sentinelle* dénonce à la journée une douzaine d'autres feuilles comme le produit du Royalisme : on peut juger par là la douteuse *Sentinelle.* On voit tous les jours des batailles dans ces feuilles de parti. Quant à leur vrai caractere, & savoir si elles sont réellement employées par l'une ou l'autre des factions, on ne peut faire aucune réponse cathégorique, il faut s'en tenir aux vraisemblances. Je vais tâcher d'en caractériser quelques-unes.

L'Historien, de Dupont de Nemours, député du Conseil des Anciens, & regardé par ses antagonistes comme le chef des constitutionnels de 1791, est la meilleure de ces feuilles. Il est ennemi mortel du papier-monnaie, il donne d'excellens extraits littéraires, il a été très-déchaîné contre le Directoire, mais depuis trois mois il est devenu son panégyriste. Il est toujours plein de profondeur & d'esprit, mais, hélas ! en même tems, de poison & de bile. Je ne peux pas me dispenser de citer ici un trait qui a intéressé Paris, qui caractérise le spleen & la malice de ce journaliste, d'ailleurs très-distingué. Le tems de la chevalerie, où dans le feu de la jeunesse, on rompait une lance en faveur du beau sexe est passé pour moi, je suis époux & pere. Mais je n'ai pas renoncé & ne renoncerai jamais à prendre parti pour l'honneur des femmes qui en sont dignes & à me joindre à leurs défenseurs.—Surtout lorsqu'il est question d'une femme qui s'attire la considération & l'amour des deux sexes, parce qu'elle réunit une beauté exquise avec l'amabilité du caractere ; des talens rares & un esprit formé, avec une modestie rare ; une bonté naïve avec de la grandeur d'âme ; d'une femme dont le caractere est resté sans tache au milieu des fureurs des factions révolutionnaires ; qui dans l'époque horrible du despotisme Décemviral, lorsque son bras de fer était étendu sur une des villes les plus florissantes de la France, sur Bordeaux, a sauvé cette ville & une partie de ses meilleurs citoyens ; qui a élevé là, comme dans Paris, un monument de reconnaissance éternelle dans les cœurs de tant de nobles Français qu'elle a délivrés & sauvés, avant & après la chûte de *Robespierre* ; d'une femme enfin qui à présent, quoique généralement admirée, & personnellement prisée par les cinq Directeurs, donne une preuve plus éclatante encore de la noblesse de son rare caractere, en ne cherchant à avoir aucun crédit, & en s'abstenant de les séduire par ses sollicitations. Telle est la légere esquisse de *Thérese-Cabarrus-Tallien.*

Et c'est contre cette femme que *l'Historien* s'était permis un trait satirique très-amer ! voici à quelle occasion ! Par un jeu de mots, très-peu énigmatique, on avait donné à l'épouse du conquérant de l'Italie, Madame

*Buonaparte**, le surnom flatteur de *Notre Dame des Victoires*. Comme on raisonnait dans une société sur ce surnom, (raconte *l'Historien*) quelqu'un demanda comment on appellerait la seconde déesse du jour, Madame *Tallien*. Eh, répondit un autre, nommez-la *Notre Dame de Septembre*. Les journaux Parisiens, suivant la louable coutume de cette dangereuse communauté, répéterent ce trait odieux. Quelques jours après il parut dans

* Les gazettes & les journaux de l'Allemagne qui dénaturent tant de choses, avaient encore égaré le jugement du public sur cette femme intéressante, en lui supposant un propos très-ridicule & qu'elle ne peut pas s'être permis à l'époque de son départ pour l'Italie l'été dernier. *Je peux à présent,* lui faisait-on dire, *m'en aller, car la chose publique n'est plus en danger.* Il n'y a qu'un impudent nouvelliste qui puisse de son sixieme étage fabriquer une pareille calomnie sur une femme aimable & réservée, & elle ne devrait pas être crue, lorsque tout Paris a sa conduite sous les yeux, & peut la juger. C'est avec la même fausseté que les gazettiers font un grand étalage du luxe en diamans de Madame *Tallien*. Elle ne porte point de diamans, elle n'en a même pas. *Note de l'Auteur.*

le Journal de Paris de *Rœderer* une réponse à ce cruel outrage fait à une estimable femme, qui ne doit point partager la faute & la punition de son mari, qui est accusé d'avoir organisé les massacres de Septembre. Cette réponse, pleine de vérité, d'esprit & de sentiment, a été généralement applaudie.

" *Aux Rédacteurs des Journaux.*

Paris, le 13 Prairial.

" Quelques plaisans de vos confreres ont imprimé avec affectation un prétendu bon mot sur Mad. T.... je vous prie de leur dire qu'un mot atroce n'est jamais plaisant, mais qu'un mot plaisant est quelquefois atroce. Apprenez-leur que les hommes généreux ont le courage d'attaquer en public un coupable puissant, jamais celui d'outrager une femme ; & rappellez à la mémoire trop peu fidele de ces folliculaires, que celle qu'ils outragent aujourd'hui, arracha des victimes à la mort, brisa les fers de plusieurs milliers de Français, inspira le 9 Thermidor ; & que les malheureux l'avaient nommée *Notre Dame de*

Bon Secours, long-tems avant que les ingrats l'eussent appellée *Notre Dame de Septembre**."

A. L.

L'auteur de cette excellente défense de *Thérese-Cabarrus* est *Adrien Lezay*, écrivain très-estimé, & récemment connu par plusieurs écrits politiques. Sa démarche est d'autant plus noble, & prouve d'autant mieux combien cette odieuse satire l'avait révolté, qu'il n'a aucun accès dans la maison de *Tallien*, & que, comme tout homme honnête & sensible, il s'éloigne d'un homme que le public regarde comme criminel.

Je reviens à mes remarques sur quelques autres feuilles publiques.

---

* Il est superflu de remarquer que le sel de cette excellente réponse est dans l'application des différentes dénominations, qu'on donne dans le calendrier à la Sainte Vierge, & que la satire qu'on attaque fait allusion à l'affreuse boucherie des prisons de Paris & Versailles des premiers jours de Septembre 1792 dont le député *Tallien* est publiquement accusé d'avoir été le principal Directeur. *Note de l'Auteur.*

Nouvelles Politiques, son premier auteur est M. *Suard,* écrivain très-connu. *Méhée* lui a adressé ce trait très-caractéristique dans un journal : *Si quelqu'un vous dit que vous êtes un sot, envoyez-le moi, mais si on dit que vous êtes un fripon, répondez vous-même.* En effet *Suard* est une forte tête, & s'il est vrai, comme on l'en accuse, que depuis la Révolution il se soit engagé avec trois des puissances en guerre contre la France, on doit avouer qu'il remplit ses engagemens avec ses grands clients, sans avoir perdu son droit de citoyen Français. Les nouvellistes ne sont pas de grands maîtres en matiere diplomatique, *Suard* pourrait leur donner des leçons, même à plusieurs ministres de cours étrangeres. Pendant qu'il paraît être le bras droit de *Pitt,* il donne à sa patrie d'excellens conseils, pour qu'elle ne précipite pas sa ruine, soit par son acharnement contre les prêtres, soit par une trop grande extension de territoire. Tout ce qu'il écrit est neuf, solide & instructif.

4°. *Feuilles Officielles.*

Ces feuilles sont *le Rédacteur, & le Journal des Défenseurs de la Patrie,* destiné pour les armées. Elles sont composées immédiatement sous les yeux du Directoire, & la partie diplomatique sous l'inspection du ministre des affaires étrangeres, ce qui les fait lire avec empressement. Les rapports les plus importans des armées paraissent immédiatement après leur arrivée, & souvent dans le même instant où ils sont communiqués aux deux conseils par un message. Le style de ces feuilles est celui du gouvernement, simple, noble, vrai & ouvert. Les raisonnemens & les remarques qui y sont insérés ne sont point officiels, ils appartiennent à l'éditeur tout seul, & il en est responsable : elles renferment des avis importans qui ne sont pas mis sans dessein, & des observations toujours dans l'esprit du Directoire.

Telles sont mes remarques sur les principaux papiers publics de Paris. On verra par la liste officielle des titres, qu'il en manque encore beaucoup dans cette recension, mais

j'aime

j'aime mieux la laisser incomplete que de m'étendre davantage sur ce fatras de papiers ; encore un mot sur le journal Allemand de Paris, & pour la clôture sur une production de Momus.

Der Pariser Zuschauer (le Spectateur Parisien) est rédigé par trois savans de Mayence, Dorsch, Blau & Nimis, & soutenu par un abonnement de trois mille exemplaires par le gouvernement, dont l'intention est de répandre par cette voie les nouvelles républicaines parmi la classe du peuple de la Lorraine & de l'Alsace dans leur propre langue. Cette feuille aurait pu être intéressante pour l'Allemagne & devenir une entreprise d'une toute autre conséquence, si elle était écrite sur un meilleur plan & d'un style mieux soigné, & si on dirigeait mieux sa circulation. Elle ne contient que des relations non officielles, des traductions de gazettes, mais très-peu d'extraits originaux. Pendant que *George Böhmer,* qui a été placé juge civil & criminel à Luxembourg, était encore à Paris & collaborateur de cette feuille, on reconnaissait ses extraits du premier coup-d'œil par le style & le fonds. Depuis son départ, le spectateur manque d'un bon appui, & malgré le secours du gouvernement elle tombait sensiblement. J'ai appris qu'il vient de retirer son abonnement, & que la feuille a cessé. Peut-être que ses habiles éditeurs trouveront moyen de la reprendre, & de la conduire sur un meilleur plan & avec plus d'avantage.

Rapsodies du Jour. Le contraste de cette bouffonnerie avec les feuilles dont j'ai parlé, est assez plaisant. Si la liberté de la presse n'assurait pas l'existence de toutes les feuilles, on pourrait encore ne pas troubler cette risible satire, parce qu'elle ne paraît pas dangereuse. Ce plaisant, nommé *Villiers*, fabrique un Pot-pourri de bons mots, épigrammes, ironies, charades & parodies, qui paraît une fois la semaine, & pique le Directoire, les ministres, les deux conseils & tous les ordres de citoyens, indistinctement, comme ils se présentent sous son fouet, avec des bouffonneries quelquefois spirituelles, souvent plates, qui font rire les geas du bon ton. Pour donner une esquisse de sa maniere, je joins ici quelques parodies des séances des deux conseils qu'on peut comparer avec ce qui s'y est passé dans les jours désignés.

CONSEIL DES CINQ-CENTS.

Séance du 15 Prairial.

UN MESSAGER D'ETAT.

Air : *Vous m'entendez-bien.*

Monsieur Ramel vous fait prier
De lui donner maint ouvrier
Afin qu'il fasse faire,
Eh bien !
Du papier monétaire
Vous m'entendez bien.

CONSEIL DES ANCIENS.

LE PRESIDENT.

Air : *En Jupon court.*

Messieurs, décrétons des louanges
A ceux qui font tous nos succès.
Disons partout....comme des anges
Se sont battus tous les Français.

Séance du 23 Prairial.

LE PRESIDENT.

Air : *La Boulangère à des Ecus.*

Puisqu'en ce jour il n'est pas un
    Qui parle, ou qui rapporte,
Moi, je suis d'avis que chacun.
    De nous gagne la porte,
        Chacun
De nous gagne la porte.

CONSEIL DES CINQ-CENTS.

Séance du 26 Prairial.

PASTORET.

Air : *Si dix Ans j'ai fait ton Bonheur.*

Ah ! ne souffrez pas qu'aux tombeaux
On fasse ici la moindre injure ;
C'est l'asyle qu'à tous nos maux
A donné la sage nature.
Si vivant, l'homme est tourmenté
Par l'intrigue & par l'imposture,
Que l'homme au moins soit respecté
Quand il est dans la sépulture.

LE MÊME.

Air : *Du Réveil du Peuple.*

Dix ans de fers par pénitence
A qui viendra troubler un mort.

Cela le guérira, je pense
De reveiller le chat qui dort.
Six ans de fers au *Sans-Culotte*
Qui prend la culotte d'un mort.
Il ne faut pas souffrir qu'on ôte
La dépouille du chat qui dort.

Ce plaisant a persiflé dans la septieme feuille de ses Rhapsodies les débats sur l'augmentation du traitement.

CONSEIL DES CINQ-CENTS.

Séance du primidi. Messidor.

CAMUS.

Air : *Autant en emporte le Vent.*

Ah ! ne laissons pas davantage
Couler les pleurs des employés.
Ils disent être mal payés,
Eh bien ! Messieurs, doublons leurs gages.
Après tout on ne fait pas tant
En ayant l'air de beaucoup faire :
Avoir des mandats pour salaire,
Autant en emporte le vent.

FREDERIC HOFFMANN.

Air : *Où allez vous, Monsieur l'Abbé.*

Ah ! pas plus loin que votre nez,
Mon cher *Camus*, vous ne voyez ;

Doubler un honoraire !......
Eh bien !
C'est tripler qu'il faut faire.
Vous m'entendez bien.

BEFFROY.

Air : *D'une Amante abandonnée.*

Par quelle raison affreuse
Camus peut-il oublier
Cette classe malheureuse
Du pauvre peuple rentier ?
Il faut enfin qu'on décide.

CAMUS.

Mais qu'il vienne nous prier.

BEFFROY.

Quand on a le ventre vuide,
Ah ! Messieurs ...peut-on crier ?

CONSEIL DES ANCIENS.

Séance du 2 Messidor.

LE PRESIDENT.

Air : *Quand le Sultan Saladin.*

Comme nos Cinq-Cents amis,
Messieurs, êtes vous d'avis
Qu'on augmente les salaires,
Qu'on triple les honoraires,
Le tout pour faire le bien ?

LE CONSEIL.

Fort bien, très-bien,
Cela ne nous coûte rien.

UN MEMBRE.

Augmentons même le mémoire,
Donnons pour boire.   (*bis*.)

Le Rhapsodiste se divertit aussi souvent sur les séances courtes & peu occupées du Conseil des Anciens.

CONSEIL DES ANCIENS.

Séance du 1er Messidor.

LE PRESIDENT.

Air : *J'ai vu la Meûniere.*

Messieurs, du silence un moment,
Si ça se peut faire.
Elisons notre président,
Puis nous irons sagement
Comme à l'ordinaire
Prendre un restaurant.

Séance du 5.

Air : *Toujours, toujours, il est toujours le même.*

Tout comme hier, le conseil est le même,
Chez les Anciens jamais rien de nouveau.

K 4

Rien de neuf, rien de beau,
Vû sa vieillesse extrême ;
Malgré tous ses décrets,
Il ne sera jamais,
Jamais, jamais, qu'un conseiller extrême.

Fêtes Civiques.

ON a cherché à faire revivre, dans les fêtes civiques républicaines que l'on donne à Paris sur la Place de la Réunion, les fêtes des dieux & du peuple de l'ancienne Grece ; mais on ne trouve ici ni les dieux, ni le peuple, ni les mœurs, ni l'éducation, ni le climat de la Grece, qui donneraient à ces fêtes la forme antique, & l'esprit qu'elles avaient dans la patrie de ce grand peuple. On veut absolument, par un effet magique, changer les Français en un peuple antique ; en conséquence de cette fantaisie, des songe-creux, du fond de leurs cabinets, surchargent de rafinemens, souvent en dépit de Minerve, les fêtes civiques, dont le peuple comprend à peine la signification.

La plûpart de ces fêtes ressemblent à un spectacle de l'Opéra, & sous cet aspect, quelques-unes ont un effet pittoresque, agréable pour l'œil, mais elles n'en ont aucun sur l'ame du spectateur ; il n'y est ni intéressé, ni acteur ; il leur est étranger ; son esprit & son cœur n'éprouvent aucune sensation dans ces illusions théâtrales, souvent même les circonstances de ces fêtes détruisent l'impression qu'elles pourraient faire. Tantôt *Jupiter Pluvius*, se mettant en colère fort mal à propos, secouant sa barbe humide, fait tomber un torrent de pluie sur le Champ de Mars pendant que le char du Soleil, de son illustre fils *Apollon Phœbus*, environné d'une danse des Mois & des Heures, tiré par de superbes chevaux, parcourt son zodiaque de bois, & que dieux & hommes barbottent dans la boue au milieu des railleries, comme cela est arrivé l'automne dernier. Tantôt devant le char de triomphe de la déesse *Liberté*, dans les deux charmantes Vestales salariées qui entretiennent le feu sacré, le Parisien reconnaît deux jolies figurantes de l'Opéra, dont l'existence est d'être des balayeuses des plus sales cloaques de *Vénus Pandemos*. Tantôt dans les jeux Olympiques, il reconnaît le fameux Franconi, qui, avec ses bidets dressés à faire des tours, joue le principal rôle dans les courses de chars & de chevaux ; alors toute illusion cesse pour le spectateur, qui souvent par la mauvaise disposition ne peut rien voir, ou qui ne sait pas ce que tout cela signifie, & l'on chante :

Qui nous délivrera des Grecs & des Romains ?

alors tout l'effet que le directeur suprême des fêtes civiques, Lachabaussiere, s'était figuré de ses belles inventions, se trouve perdu.

Cet inconvénient n'existe pas sur le théâtre de l'Opéra. Là, le spectateur se laisse aller à l'illusion qu'il éprouve du jeu des machines & de l'illumination. Mais une fête, donnée en plein air à une grande masse de peuple, doit être mieux inventée, & son effet doit être mieux calculé que cela n'arrive souvent dans les fêtes civiques de Paris. La nouveauté seule attire ordinairement des spectateurs à ces solemnités ; mais ce n'est que lorsque les cirtances du moment répandent un enthousiasme général, comme à la fédération de 1790, que l'ordre simple & imposant d'une pareille fête, aidé par cette disposition des esprits, répand une joie universelle. C'est ce qu'on doit certainement attendre des fêtes qu'on donnera pour la Paix Générale.

Les répétitions fréquentes & à époques précises des fêtes civiques affaiblissent encore leur impression, & le Français, d'ailleurs si gai & si facile à enflammer, y assiste froidement par tous ces motifs, même quand son enthousiasme pour tout ce qui a trait à la reconnaissance de sa liberté devrait le mettre en feu. La plus grande partie des spectateurs est composée par les oisifs attirés par la curiosité, par le désœuvrement & par la nécessité de chercher à s'amuser. J'ai été moi-même témoin du peu de part que le public y prend, à la *Fête de la Victoire & de la Reconnaissance*, le 10 Prairial (29 Mai), quoiqu'elle fût très-brillante, grandement & noblement ordonnée, & dans la juste proportion du Champ de Mars.

Le Champ de Mars, en lui-même, est un excellent local pour ces solemnités, à cause de sa position, de sa grandeur, de sa régularité, lorsque de grandes masses d'hommes en grouppes, des scenes guerrieres, des triomphes, des processions sont bien distribués dans ce vaste espace. C'est ce que j'ai vu à la fête de la

Victoire ; mais la scene principale était concentrée au centre de la place sur une hauteur qu'on y avait élevée. Tout ce qui s'y passait n'était vu & entendu que par ceux qui étaient rassemblés sur cette colline, en vertu de leurs emplois, comme les membres du gouvernement & des autorités constituées, ou de ceux qui, par faveur, avaient sous main obtenu des billets. La plus grande partie des spectateurs est placée sur la large digue qui entoure tout le Champ de Mars, & trop éloignée du point central pour prendre part aux scenes qui s'y passent. De ce point, on tient des discours au peuple, le peuple ne les entend pas, mais il les lit ensuite dans les feuilles publiques. Un excellent orchestre exécute une musique excellente. On chante en chœur des hymnes patriotiques. Le peuple, du côté qui est sous le vent, entend seulement le son bruyant des instrumens à vent & le bruit des tymbales. Comment pourrait-il se joindre aux chœurs, puisqu'il n'y a que la mélodie qui puisse lui différencier les chansons nationales connues ? Toutes les cérémonies se

passent sur la colline ; on y fait les sacrifices
à la déesse de la Patrie ; on y distribue les
couronnes civiques. La multitude voit seulement dans le lointain des nuages épais de
fumée qui s'élevent de l'autel, on n'en voit
pas davantage, même avec la meilleure lunette d'approche, parce que les arbres & les
terrasses de la colline & de l'amphithéâtre renferment dans leur centre tout le spectacle
pour les assistans les plus voisins, & coupent
la vue dans l'éloignement. Le peuple ne voit
que ce qui se passe hors de cette enceinte, &
dans quelques-unes de ces fêtes le coup-d'œil
est très-pittoresque.

A la fête de la Victoire & de la Reconnaissance, on avait planté tout autour des terrasses autant de peupliers qu'il y a de départemens ; c'est cet arbre qui représente l'arbre
de la liberté. A chaque peuplier pendait un
écu avec le nom d'un département, & des
drapeaux tricolors flottaient entre les branches. Le Champ de Mars ressemblait à un
camp, des tentes étaient tendues, de gros
bataillons de guerriers étaient dans le fond,

une ligne de gardes nationales, servant de barrière aux spectateurs, s'étendait le long des terrasses.

Dans le centre, sur la colline, tapissée d'un gazon de verdure, des peupliers, des chênes & des orangers fleuris étaient entrelassés de guirlandes & de branches de chênes. Les trophées conquis sur les ennemis, des écus, portant le nom des quatorze armées Françaises, étaient *appendus* à des peupliers, & une barricade de canons sur leurs affûts entourait la colline. Au sommet de la colline s'élevait un grand chêne, dont les branches étaient garnies des drapeaux conquis ; mais on avait eu l'attention de n'y faire paraître aucuns de ceux des puissances devenues alliées, dont les envoyés assistaient à la fête. A l'ombre de ce beau chêne, sur un piédestal élevé, paraissait la statue colossale de la Liberté ; son bras gauche appuyé sur l'acte constitutionnel, élevant de sa main droite le chapeau de la Liberté : près d'elle les statues de la Victoire & de la Renommée, une épaisse fumée d'encens s'élevait continuellement de quatre grands vases antiques.   Devant la statue de la Liberté, était dressé l'autel de la Patrie, chargé de couronnes civiques de palmes pour les défenseurs de la Patrie, blessés & non vaincus.   L'ensemble de cette colline formait un coup-d'œil majestuesement pittoresque.

Au lever du soleil, la fête fut annoncée sur le Champ de Mars par le bruit du canon.   A une heure, les cinq Directeurs, comme présidens de la solemnité, débouchèrent de l'ancienne Ecole Militaire, en grand costume, accompagnés de leurs Ministres, Messagers d'Etat & Huissiers, de tous les Ministres Etrangers & des Autorités Constituées.   Cette marche s'avança vers la colline au milieu d'une ligne de gardes ; elle y fut reçue par une grande symphonie militaire.   Les Directeurs s'assirent sur des siéges élevés devant la statue de la Liberté, & leur accompagnement s'assit des deux côtés en demi-cercle.   *Carnot*, le président, fit un discours plein d'un noble enthousiasme.

Il commença par une exposition très-sentimentale du devoir de la reconnaissance envers l'auteur

l'auteur de tout bien, envers les bienfaiteurs de notre jeunesse, envers tous ceux auxquels nous sommes attachés pendant le cours de notre vie par notre position & nos rapports. " Il existe aussi," continua-t-il, & je rapporte ce trait de son discours, pour en exposer l'esprit; " il existe aussi un devoir de re-
" connaissance des nations entieres envers
" des particuliers. Un grand peuple est as-
" semblé en ce moment pour présenter l'hom-
" mage de sa gratitude à des citoyens méri-
" tans & vertueux. Combien il nous est
" cher d'acquitter cette glorieuse dette !
" Avec quelle satisfaction nous vous hono-
" rons, vous tous, qui avez fondé la gloire
" & le bonheur de la Patrie ; vous à qui la
" France doit sa renaissance politique, cou-
" rageux philosophes, dont les écrits ont
" préparé la Révolution, ont limé les fers de
" l'esclavage, & déjà depuis long-tems ont
" dompté la rage du fanatisme ! Vous, cito-
" yens, dont les bras vainqueurs ont effectué
" cette Révolution, ont fondé la République,
" combattent depuis sept ans contre le crime

" & l'ambition, le royalisme & l'anarchie !
" Vous tous, enfin, qui concourez à rendre
" la France heureuse & florissante, qui la
" glorifiez par vos talens, qui l'enrichissez
" par vos découvertes ! Recevez ici le re-
" mercîment solemnel de la nation ! Rece-
" vez-le surtout, vous, armées Républicaines,
" dont tout nous rappelle ici la gloire & le
" bonheur ! &c."

Ici Carnot s'étendit sur leur éloge, lui qui, depuis plusieurs années, par ses plans dirige les combats & les victoires de ces armées, & la conscience intime de son propre mérite donna une nouvelle vie à son éloquence. Son discours ressemblait à une riviere majestueuse. Une pensée sublime en entraînait une autre, un tableau brillant en suivait un autre. Il présenta avec les couleurs les plus vives les principaux traits marqués dans les annales de cette longue & sanglante guerre : que ne pouvait-il en effacer les taches de l'indiscipline & du pillage ! Comme dans le feu de son discours les expressions semblaient lui manquer pour tracer les grands tableaux qui se présentaient

à son imagination, il s'écria : " Ah ! pour-
" quoi ne puis-je pas développer en entier le
" grand tableau de votre gloire ! Pourquoi
" ne puis-je pas vous nommer tous, vous nos
" défenseurs intrépides ! Quelle richesse iné-
" puisable d'admirables actions, de noms
" chéris se présentent à mon esprit !" Ici, il
appella les Députés des armées pour recevoir
de ses mains les couronnes civiques offertes
par la Nation.

" Et vous, Français," dit-il en finissant,
" qu'on a voulu égarer, ne fermez pas vos
" cœurs à un spectacle aussi touchant. Se-
" rait-ce en vain que nos défenseurs auraient
" vaincu ? Voulez-vous que de nouvelles
" divisions, de nouveaux troubles anéantis-
" sent les fruits de leurs glorieuses actions ?
" Je vous somme d'abjurer aujourd'hui vos
" inimitiés ! C'est pour vous que tout leur
" noble sang a été versé. Ne vous montrez
" pas ingrats le jour de la Reconnaissance !"
Au milieu de l'harmonie d'hymnes de victoire composées par les poëtes *Chénier, Lebrun*
& *Coupigny,* mises en musique par *Gossec* &

Méhul, s'avancerent les députations des qua-torze armées, ayant au milieu d'elles des vé-térans & des soldats blessés. Ils monterent sur la colline, reçurent les couronnes civiques pour eux, & les drapeaux pour chaque armée, & redescendirent pour rentrer dans les qua-torze bataillons représentans les armées. Ceux-ci s'avancerent avec leur musique guer-riere & leurs nouveaux drapeaux déployés, s'étendirent dans la plaine, & soutenus par de la cavalerie, exécuterent des évolutions mili-taires. Les Porte-Enseignes monterent sur la colline, & le Président du Directoire attacha à chaque drapeau une couronne de chêne.

Le *Chant du Départ* & l'Hymne *Allons, Enfans de la Patrie,* furent chantés, & toute la colonne défila devant la colline. La fête se termina par des évolutions militaires & par une salve générale de canon. Après la retraite du Directoire & de sa suite, le Champ de Mars fut ouvert pour les danses du peuple. Les évolutions militaires, au son d'une musique guerriere, firent un grand effet. Le reste de la cérémonie fut en pure perte pour le plus grand nombre des spectateurs. Leur nombre était fort petit en proportion de la population de Paris. La plûpart, trop éloignés pour voir le spectacle, resterent froids & indifférens, malgré les *vive* & les battemens de main qui partaient souvent de la colline, qu'ils ne répétaient point, parce qu'ils en ignoraient la cause. Il en resta fort peu pour la danse. J'en entendis quelques-uns qui disaient : *à la fête de la Paix nous danserons.* J'entendis dire la veille dans une société, à la vérité peu républicaine, *ces fêtes viennent trop souvent pour aller au delà de sa fenêtre pour les voir.* Aussi y avait-il peu de spectateurs bien habillés. Tel est le pernicieux esprit de cette classe qu'on espere réprimer par les représentations, mais en vain ! Mais j'affirmerais bien que ce peuple indifférent dansera volontiers, comme il le promet, à la fête de la Paix, car tous les désirs se réunissent sur ce point.

Les journaux ont été remplis de plaintes très-ameres contre le défaut d'esprit public & de zele pour la cause de la Liberté, qui se développe dans ces solemnités, & de critiques

sur les dispositions de cette fête. C'est l'aristocratie, ont crié quelques journalistes, qui
l'a arrangée pour ses amis, & qui n'a admis
sur la colline que quelques privilégiés. Cette
accusation est ridicule, car il n'y avait de
place que pour un petit nombre. D'autres
se moquaient, & disaient que le Directoire
avait donné cette fête pour lui seul & sa suite.
Eux seuls ont vu & entendu, pour nous rien.
Même l'indulgent *Rœderer* s'est mêlé parmi
les critiques ; il a proposé qu'à l'avenir on
plaçât des orgues de distance en distance sur
les terrasses, pour que le public, accompagné
par ces instrumens, pût se joindre au chœur
des hymnes patriotiques. " Vous avez remar-
qué, continuait-il, l'indifférence du peuple
pour la fête de la Victoire ; si vous aviez pû
célébrer le même jour celle de la Paix, cela
eût été très-différent." D'autres journaux,
au contraire, entr'autres l'*officiel Rédacteur*,
ont contredit cette indifférence du peuple.—
Mais *Rœderer* avait raison.

Un autre blâme, beaucoup plus juste, de
beaucoup de républicains très-sensés, tombait

sur les hymnes chantées à cette fête. Par une délicatesse très-louable, on avait eu soin de ne pas exposer avec les autres trophées les drapeaux des nations avec lesquelles la France avait conclu la paix. Les Ambassadeurs des Rois étaient présens, & cependant on ne peut pas nier que les hymnes ne fussent remplies d'imprécations terroristes contre les Rois, confondus tous ensemble sous la dénomination de tyrans & de despotes. Dans une des hymnes des guerriers on chantait :

> Qu'ils écrasent la tête altiere
> Et des despotes & des Rois !

Ensuite le chœur :

> Périssent les tyrans du monde !
> Victoire à ses libérateurs !

La Cretelle le Jeune, disait dans le *Censeur* que de pareils vers étaient une atteinte cruelle contre l'hospitalité. Je sais, disait-il, qu'en ce moment dans le Parlement Anglais, l'insolent *Fitzwilliam* s'écrie contre nous : *Périsse le peuple Français !* A la vérité, cette épouvantable menace est d'autant plus ridicule que l'impuissance de son exécution est avérée. Mais l'indignation générale ne doit-elle pas également s'élever & contre Lord *Fitzwilliam* & contre le poëte *Chénier**, comme prédicateurs d'une guerre d'extermination. Une guerre d'extermination ! & c'est à la fin du dix-huitieme siecle qu'on la prêche !

Une seconde fête civique qui se donna alors était celle de l'agriculture, très-pittoresque quant à la pompe & la décoration, mais sans effet & sans participation du peuple ; car il y avait encore moins de spectateurs à celle-là qu'à la premiere. C'étaient les administrateurs du département, & non le Directoire qui y représentaient. La colline était décorée avec des gerbes, des couronnes d'épis & des guirlandes de fleurs. Sur l'autel de la patrie brûlait un feu, entre des autels antiques fumans. Deux chars antiques, attelés de bœufs blancs, étaient précédés par une marche d'enfans & de jeunes gens des deux

* Ce n'est point *Chénier*, mais *Coupigny* qui a composé cette hymne terroriste ; mais *Chénier* en compose d'entierement semblables. *Note de l'Auteur.*

sexes, portans des couronnes & des ceintures de fleurs, accompagnés par des laboureurs. Sur l'un des chars était une charrue dorée, sur l'autre était la Liberté environnée de gerbes, ayant devant elle un autel, sur lequel deux jeunes filles, ses prêtresses, entretenaient le feu sacré. La marche était fermée par des laboureurs & des soldats. Des chants populaires, des hymnes & des chansons *du Devin de Village*, de *Jean Jaques Rousseau* étaient accompagnés par un grand orchestre. On porta la charrue sur la colline, où la jeunesse des deux sexes déposa des fleurs, des fruits & des gerbes sur l'autel de la patrie.

Le Président du Département harangua les cultivateurs, & distribua des couronnes civiques à deux d'entr'eux, dont les noms furent proclamés, comme la récompense de leur industrie & de leur patriotisme. Le président traça ensuite autour de l'autel, avec la charrue, traînée par les bœufs & dirigée par le général de la garde Parisiènne, un sillon dans lequel les laboureurs jetterent des grains. Le plan de cette fête était très-bien disposé

par son inventeur *Peyre*, & méritait un accueil universel. Les journalistes se réunirent
encore pour crier contre l'indifférence des
citoyens à cette fête.

Le 17 *Messidor* (5 Juillet) les Américains
célébrerent à Paris une fête d'un tout autre
genre. Le civisme, la joie pure, l'union &
l'effusion du cœur y présiderent. C'était la fête
de l'Indépendance des Etats-Unis, a laquelle
Monro, leur envoyé, invita les présidents des
deux conseils, plusieurs membres, les ministres, les envoyés étrangers, & tous les Américains qui se trouvaient à Paris. Le grand
jardin de la maison, rue de Grenelle, était
élégamment décoré. Le dîner se donnait sous
des arbres entrelassés de guirlandes de fleurs,
& les chœurs de musique qui sortaient d'un
petit bois voisin, se mélaient avec le cliquetis
des verres que l'on vuidait à la santé des deux
républiques. Un trait de cette fête patriotique mérita l'approbation générale de Paris,
parce qu'il était une preuve de l'opinion modérée, même des législateurs, sur un homme,
victime d'un sort cruel & non mérité, dont

cependant on ne prononçait jamais alors le nom, sans y joindre l'épithete de traître. A cette table entierement remplie, on avait laissé une place vuide entre deux députés du Conseil des Anciens, *Dumas*, qui avait combattu dans la guerre d'Amérique sous *Rochambeau*, & *Barbé-Marbois*, qui avait été à cette époque envoyé de France en Amérique. Sur ce couvert inoccupé était un billet avec ces mots. *La Fayette, commandant l'infanterie légere Américaine.* Une feuille patriotique s'est exprimée ainsi sur cet hommage muet & touchant ; "On doit le "regarder comme un témoignage naturel & "noble de reconnaissance envers le vainqueur "de *Cornwallis*, le premier moteur de la Ré-"volution Française, qui languit dans un in-"fâme cachot, où l'a plongé la haine de nos "ennemis implacables."

Le Panthéon Français.

Aux grands hommes, la Patrie reconnaissante !

CETTE dédicace qui annonce la haute destination de ce temple magnifique est extrêmement touchante, & parle à l'ame de tout homme sensible. Mais hélas ! l'impression satisfaisante qu'on en ressent est affaiblie & presqu'effacée par le fâcheux souvenir d'avoir vu la consécration de ce temple profanée par le cadavre de l'infâme *Marat* reposant auprès des cendres honorables de *Rousseau*. Puisse le génie de la France détourner pour jamais un pareil aveuglement ! puisse le Sénat Républicain, dans la distribution des honneurs du Panthéon, ne s'écarter jamais de la plus pure conception de la vraie grandeur, du vrai mérite civique, auxquels appartient ce monument & dont le souvenir est si profondément gravé dans son inscription :

Aux grands hommes, la patrie reconnaissante !

Ce bâtiment colossal, commencé sur les desseins de *Soufflot*, depuis environ quarante ans, pour une destination très-contrastante avec celle que la Révolution. lui a donnée, était une église de *Ste. Genevieve*, patrone de Paris ; il n'est pas encore achevé. Les travaux entrepris sous la direction d'*Antoine Quatremere* pour l'approprier à sa nouvelle destination, vont lentement, & exigent encore plusieurs années pour sa perfection. On cherche, en détruisant le plan du premier architecte, à faire accorder autant qu'il est possible les changemens actuels avec ce qu'il avait déjà construit. Voici les principaux de ces changemens.

L'attique, supportée par vingt-deux colonnes cannelées d'ordre Corinthien, au dessus du portique, était remplie par un bas-relief mystique de *Coustou*, représentant le triomphe de la Foi ; on l'a enlevé, & la Patrie distribuant des couronnes civiques à la Vertu & au Génie, est le sujet du nouveau bas-relief de *Moite*, qui concorde avec le sens de la belle inscription du portique.

Sous le magnifique péristyle du noble parvis, on a muré les deux portes latérales. On
a enlevé deux grandes tables destinées à des
inscriptions tirées de la Légende, ainsi que les
bas-reliefs analogues, & on les a remplacés par
deux grouppes & deux statues de grandeur
colossale avec cinq bas-reliefs convenables au
nouveau plan. L'inscription, *Panthéon Français, l'An III de la Liberté*, sera supprimée,
lorsque le public sera accoutumé à la nouvelle
dénomination de ce monument, & on ne laissera subsister, comme dans les anciens temples, que la date de sa fondation. Les quatre
statues, qui ne sont encore que de plâtre,
mais qui seront remplacées en marbre, sont
trop intéressantes, ainsi que les bas-reliefs &
les inscriptions, pour n'en pas faire mention.

Bas-reliefs, sur la grande porte du temple, de
Baichot. La Déclaration des Droits de l'Homme.
La Nature, avec la Table de la Loi ouverte,
près d'elle la Liberté & l'Egalité.

Grouppe, de *Chaudet*. L'Instruction Publique, Minerve, en longue toge de paix, de sa
main droite étendue, présente une couronne
à un jeune homme se cramponnant à la Déesse.

Bas reliefs au dessus du groupe, de *Lesueur*. La Patrie présente aux parens accompagnés de leurs enfans l'Institutrice distribuant l'Instruction Publique. Inscription de ce grouppe : *L'Instruction est le Besoin de tous ; la Société la doit également à tous ses Membres.* Ce grouppe est parfaitement pensé & bien traité. La draperie de Minerve est belle.

Grouppe, au côté opposé du parvis, de *Masson*. Mourir pour la patrie. Une figure de femme, représentant la Patrie, soutient un guerrier nud blessé, qui s'appuie en mourant sur son bouclier, couvert d'une peau de lion. Ses regards, en le fixant, expriment la tendresse maternelle.

Bas reliefs de *Chaudet*. Le Génie de la Gloire soutient un soldat, qui tombe en mourant près de l'Autel de la Patrie, sur lequel il dépose son épée. Inscription : *Il est doux, il est glorieux de mourir pour la Patrie.* L'exécution de ce grouppe répond à la dignité de sa pensée, l'expression est parlante, l'effet est grand.

A droite de la porte, une figure de *Roland*, la Loi. Cette figure assise, avec l'air du commandement, avec un grand sérieux dans son expression & son attitude, étend sa main droite ornée du bâton de général, & appuie la gauche sur les tables de la Loi, sur lesquelles sont gravés ces mots : *Les Hommes sont égaux par la Nature & devant la Loi.* Bas-relief, de *Frontin.* La Patrie présente au Peuple la Loi comme l'expression de la volonté de tous. Un Vieillard s'agenouille devant la Loi, un Soldat jure de la défendre. Inscription : *Sous le Régime de la Loi, l'Innocence est tranquille.*

A la gauche de la porte, une figure assez médiocre, de *Boichot,* la Force. Un Hercule se reposant, la main droite appuyée sur une table avec ces mots : *Force par la Loi.* Bas-relief, de *Roland.* La figure de la Patrie, assise à la porte du Temple de la Loi, montre à l'Innocence la statue de la Justice. Inscription : *Obéir à la Loi, c'est régner avec elle.*

On a augmenté le caractere majestueux de la façade du Panthéon en murant les grandes fenêtres qui étaient dans les murailles latérales

près

près du portique. Les pans représentent deux grosses masses à côté du parvis, trop riche & trop chargé d'ornemens par *Soufflot*. Au lieu de la lanterne surmontée de sa croix colossale qui terminait le dôme, on a placé un grand piédestal pour une statue de vingt pieds de haut, de la Renommée, que *Dejoux* est chargé de couler en bronze. Ce piédestal est muré & environné d'une galerie ouverte. Dans ce piédestal, qui a la forme d'un demi-cercle, on a pratiqué une chambre destinée à un observatoire, pour pouvoir dans des cas particuliers s'en servir, ce point étant un des plus élevés de la ville. Qu'on se figure l'étendue & la beauté de la vue sur la ville & son territoire, quand on a monté quatre cents soixante marches pour arriver à cette galerie !

Une colonnade saillante de trente-deux colonnes environne la coupole, & ne la supporte pas, ce qui donne au dôme un aspect chétif : pour corriger ce défaut, on a le projet de charger cette colonnade de figures colossales allégoriques, représentant les vertus qui conduisent à la **Renommée**, qui s'élevera au milieu d'elles.

On ne peut pas décrire la grandeur & l'attrait de la perspective de la façade, du parvis & du dôme qui les surmonte majestueusement. Il est impossible de passer devant ce monument, sans s'y arrêter, jouir de son beau coup-d'œil, & ressentir les douces sensations que réveille l'inscription : *Aux grands Hommes, la Patrie reconnaissante.*

Dans l'intérieur du temple, on fait murer beaucoup de fenêtres inutiles ; on enleve une quantité superflue d'ornemens, de stucks, de cannelures & de semblables frivolités, dont l'ancienne architecture Française l'avait surchargé. Par ces changemens sages on diminue le caractere trop gai, qui contraste avec la grave destination de cet édifice, & par la représentation de grandes masses, par une lumiere modérée qui ne vient que d'en haut, on cherche à donner l'aspect sévere qui lui convient. Mais malgré les peines, le travail, les dépenses qu'on y prodigue, on n'atteindra pas ce but. Les obstacles qui naissent du plan

fondamental de l'édifice, contre lesquels on a
à combattre, sont trop grands, quelques-uns
sont insurmontables. Sa forme en croix sur-
chargée d'angles & de saillies est incommode,
& ne permettra jamais que le coup-d'œil embrasse librement son ensemble. On porte
déjà des plaintes contre les changemens très-
coûteux de l'intérieur & contre les novateurs
qui les exécutent. On accuse, j'ignore si
c'est avec raison, l'administration des travaux
du Panthéon de les exécuter avec une légereté trop superficielle & sans solidité. *Mercier*
surtout est un antagoniste décidé de toute
l'entreprise : il a dit devant moi que la destination de ce temple est une idolâtrie. " Ce
" bâtiment," s'écria-t-il, il y a peu de tems
dans le Conseil des Cinq-Cents, avec l'exagération de l'humeur, " est un monument de
" notre inconstance incurable, de notre fri-
" volité ! C'est un scandale de l'architec-
" ture ! Il semble que depuis que le cadavre
" de l'exterminateur *Marat* est entré dans le
" Panthéon, il ait disposé ce bâtiment à la

" ruine, dont ce monstre menaçait toute la
" France."

On a supprimé des tribunes & des voûtes les innombrables bas-reliefs, chargés de sujets tirés de l'Ancien Testament & de la Légende ; mais on n'a pas diminué la surcharge de ces décorations, on n'a fait que les remplacer par des allégories & des symboles du patriotisme, de la philosophie, des sciences, des arts, du commerce, & par des apothéoses des vertus héroïques & sociales.

Dans le fond du temple, où est ordinairement le Maître-Autel, on doit asseoir sur un trône la statue de la Patrie embrassant la Liberté & l'Egalité, les Déesses prostituées de la République ; & dans l'espace vuide sous la coupole, on doit élever un autel entouré de figures allégoriques & de plusieurs petits autels pour l'encens. Les artistes Français ont été invités de présenter au Directoire leurs projets pour cette principale décoration. Le sol qui est encore découvert sera pavé de différentes sortes de marbres.

La critique, qui s'exerce toujours dans Paris, fait en général un reproche à l'administration des travaux, que tous les changemens & les décorations qu'elle a entrepris ne répondent pas au caractere d'un tombeau des grands hommes. Ce reproche est mal fondé, car cet édifice est à considérer comme le monument de ces grands hommes, dont les cendres reposent dans les souterrains. Il est même injuste, parce qu'on ne compte pour rien les difficultés que l'administration doit surmonter pour opérer ces changemens, & qu'on n'attend pas, pour le juger, que l'ouvrage soit fini.

Il est plus difficile de répondre à une autre question : savoir, si ce monument bien imaginé & excellent, en faveur des hommes qui auront bien mérité de la patrie, remplit, comme quelques autres instituts républicains fondés avec tant de précipitation, la grandeur des idées qui se présentent dans les rêves patriotiques, étrangeres encore à l'impression de la génération actuelle, d'une république naissante. La génération future pourra prononn-

cer sur cette question, mais on ne peut l'es-
pérer réellement que lorsqu'elle sera entierement changée, & qu'une éducation propor-
tionnée à ses grandes idées, l'aura préparée à
en ressentir toute l'impression.

Le directeur de ce bâtiment, *Quatremere*,
semble présager cet heureux effet, dans le
rapport qu'il a donné au Directoire, sur les
travaux tant terminés que projettés du Panthéon, dans lequel il se défend du reproche
de l'inconvenance des changemens. " Le
" Panthéon, dit-il, au moins beau comme
" idée poëtique, est en effet moins le séjour
" de la mort que le séjour de l'immortalité.
" C'est moins un hypogée, dont les formes
" graves & sérieuses annoncent le silence des
" tombeaux, qu'un temple ouvert au culte
" des grands hommes ; enfin, si nul n'y re-
" çoit les honneurs qu'après sa mort, c'est
" plutôt sous les signes de l'apothéose & d'une
" consécration philosophique, que sous les
" emblêmes de la mortalité."

Les catacombes du Panthéon, par le dépôt
qu'on y a fait des cendres de *Voltaire* & de

Rousseau, ont été consacrées comme le lieu de repos des restes inanimés des grands hommes. L'idée affligeante que ces paisibles caveaux ont été souillés par le cadavre de *Marat* remplit l'ame d'horreur & de dégoût. On y voit encore le sarcophage brisé qui renfermait sa charogne, chargée des malédictions du peuple, qu'on a transportée dans le cimetiere d'une église, où on a consumé dans de la chaux ses infâmes restes. Les ossemens de *Mirabeau* ont fait place à *Marat*, & ont été placés dans un endroit qu'on a marqué. Dans un autre coin de ce caveau, on voit un sarcophage vuide qu'on avait destiné pour le général *Dampierre*; mais le décret qui lui accordait les honneurs du Panthéon a été retiré.

Les deux sarcophages dans lesquels reposent les dépouilles mortelles de *Rousseau* & de *Voltaire*, sont placés l'un vis-à-vis de l'autre au milieu du souterrain. Ils sont de bois chargés de mauvais bas-reliefs. On doit les exécuter par la suite en marbre noir. Sur la tombe de *Rousseau* est gravée l'épitaphe simple & belle qu'on a tirée du tombeau de l'Isle des

Peupliers d'*Ermenonville* : *Ici repose l'Homme de la Nature & de la Vérité.* Sur les deux côtés étroits du sarcophage, une main de la mort tenant une torche, semble sortir du tombeau. C'est un symbôle assez mal trouvé de l'idée que la lumiere s'est répandue par ce philosophe après sa mort. Un poëte pouvait l'employer à propos, mais cela ne convenait pas à un statuaire : ces deux mains sortant du tombeau excitent une sensation désagréable.

Le sarcophage de *Voltaire* est surchargé de tous les côtés d'inscriptions prolixes, qui racontent ses actions & ses mérites avec beaucoup de mots, & dans un style qui n'est point du tout lapidaire.

Quand tout sera fini, des lampes sépulchrales brûleront jour & nuit dans ces souterrains, & rendront plus majestueux ce séjour des morts. Les cendres de *Descartes* sont conservées dans le dépôt des monumens nationaux, dans le cloître des Augustins, elles sont enfermées dans un petit sarcophage de porphyre, excellemment travaillé en style Egyptien, que le Comte de Caylus a apporté d'Italie, avec la simple inscription : *Cendres de Descartes.* Elles devaient jouir des honneurs du Panthéon, mais d'après un débat de *Mercier* dans le Conseil des Cinq-Cents, cette résolution a été ajournée. Les motifs de *Mercier* contre l'apothéose de ce philosophe étaient mieux imaginés que sentis & exprimés : le procès de *Descartes* fut perdu pour cette fois, parce que *Chénier*, qui, en conséquence d'un décret du 28 Octobre 1793, en avait fait la proposition le 29 Mai de l'année passée, se laissa surprendre, & défendit *Descartes* avec des argumens encore plus faibles que ceux de son antagoniste ; mais je ne doute pas qu'à une seconde tentative la motion ne soit agréée, car on était très en colere à Paris contre l'incartade de *Mercier*, qu'on appellait sa sortie, & on lui savait mauvais gré de sa légere victoire.

En même tems il avait attaqué *Voltaire* & son inauguration dans le Panthéon, ce qui avait achevé d'indigner les savans. Le jour du débat dans le Conseil des Cinq-Cents, je dînais avec *Mercier* en compagnie de plusieurs députés & de savans, beaucoup plus forts adversaires que *Chénier* dans le Conseil. Le sensible *Mercier*, si estimable de toute maniere, & qu'on peut regarder à bon droit comme un des membres les plus vertueux de la représentation nationale, fut durement combattu pour son incartade, & provoqué, sommé d'exposer de meilleures raisons que celles dont il s'était servi ce même matin. Le bon *Mercier* fut dans une grande presse, & sans secours, sans tribune, sans président qui pût lui maintenir la parole, avec un organe un peu hésitant, il produisit une très-faible défense de son opinion contre ses forts assaillans *le Roi, Fourcroy, Bégoin, Lacépede, Jussieu, Dolomieu* & autres savans de cette société. Si, pendant que les verres se vuidaient, on avait repris le procès, le parti de *Descartes* aurait triomphé avec une très-forte majorité, mais après une discussion très-animée & amicale, *Mercier* eut le dernier en répétant son cri favori : *Point d'idoles, point d'idolâtrie dans la République !*

Assemblée Législative.

Conseil des Cinq-Cents.

TOUTES les affaires de l'Assemblée Législative sont préparées par des comités, on ne rapporte dans les séances que les résultats des conférences pour en former des décrets. Les débats même sont rarement importans, comme ils l'étaient sous un autre régime. Les affaires d'Etat d'une grande importance & d'un intérêt général, sont traitées dans un comité secret, dans lequel se forment les Conseils, & n'ont aucun spectateur. Les séances des Conseils ne sont donc intéressantes pour un auditeur étranger, après qu'il a appaisé la premiere curiosité de voir ce grand sénat assemblé, que lorsqu'on prévoit des débats importans sur le rapport d'une commission ; il est très-facile d'en être prévenu quand on connaît quelque député.

La salle du Conseil des Cinq-Cents est l'ancien Manége du Jardin des Thuilleries où se

tenait l'Assemblée Constituante. On l'a rac-
courcie, elle forme un quarré long, simplement décoré, d'une proportion convenable.
Le fauteuil élevé du président, son bureau &
la tribune sont placés l'un vis-à-vis de l'autre
dans le bout le plus étroit. Un amphithéâtre
de cinq rangs de siéges pour les représentans
s'étend en descendant des deux côtés, & laisse
au milieu une arêne spacieuse ; à l'autre bout
est la barre & la tribune des pétitionnaires :
en arriere, dans les angles coupés, sont les
loges des logographes, & au dessus les tribunes pour le peuple. Les places des représentans sont numérotées & périodiquement tirées au sort : par cet arrangement on a éteint
les réunions de partis, & les dénominations
de mauvais présage de Droite & de Gauche,
de Montagne & de Marais. Les tribunes du
peuple ont été diminuées, & contiennent à
peine deux cents spectateurs. Il y a toujours
depuis leur porte d'entrée jusques dans la rue
une longue queue de gens, qui peu à peu,
lorsque d'autres en sortent, cherchent à s'y
glisser. Dans les tribunes, d'où autrefois l'As-

semblée était baffouée & bravée avec la plus grande impudence, regne un silence qui n'est jamais troublé. Un spectateur qui se permet la moindre indécence est chassé de la salle.

Les loges des logographes contiennent à peu près vingt tachygraphes payés par les journalistes. Leur agilité à minuter & à transcrire les points principaux des débats est merveilleuse. Leur écriture est un chiffre d'abbréviation. Ces jeunes gens s'érigent en premiers censeurs des affaires & des discours, ils les blâment sans pudeur, ou rient entr'eux, & il arrive souvent que quelqu'un d'entr'eux est rappellé à l'ordre par le président, ou chassé de la salle. Il est au reste presqu'inconcevable comment ils peuvent suivre le fil des discours au milieu du trouble. Dans cette salle, qui n'est point bâtie dans les regles de l'acoustique, & dans ce grand éloignement de la tribune, malgré le plus grand effort de l'attention, on perd beaucoup du discours, quand l'organe de l'orateur n'est pas très-clair & sa prononciation bien articulée. Le bruit de la salle par l'ouverture & la fermeture des portes, la marche sur ces hauts amphithéâtres de bois, la conversation particuliere entre les représentans, le babil perpétuel des tachygraphes mêmes, troublent les auditeurs les plus attentifs. Le murmure qui s'éleve souvent dans l'assemblée est un bourdonnement particulier de tons inarticulés, de toussement, de trépignement de pieds, augmenté par le tintement de la sonnette du président & par les mugissemens des huissiers, qui crient, *silence, citoyens !*

Les séances doivent commencer à onze heures du matin, mais elles s'ouvrent rarement avant une heure, quand il se trouve au moins deux cents membres, nombre nécessairement exigé constitutionnellement pour les délibérations : mais on n'observe pas cette regle à la rigueur ; j'ai quelquefois compté à l'ouverture de la séance beaucoup moins de représentans ; à la vérité il en arrivait à chaque minute. Les conférences préparatoires des comités, les travaux faits d'avance des rapporteurs, les dissipations & les affaires des députés, & la connaissance préliminaire des affaires qui durent deux, ou tout au plus trois heures de séance, occasionnent ce retard.

L'habillement décrété pour les députés n'est pas encore introduit, & vraisemblablement ne le sera jamais ; on a déjà fait beaucoup de représentations sur la coupe théâtrale de ces vêtemens de Bramines, & on a proposé pour les représentans un habit plus leste. Soit que la fourniture de ce costume se fasse aux dépens de l'état, soit que les députés en fassent les frais, dans les deux cas il est trop coûteux. Le président se distingue par une écharpe tricolore : les huissiers en portent une rouge. Les représentans doivent porter aussi l'écharpe tricolore, & un bouquet de plumes pareil à leur chapeau, mais on voit rarement un représentant en costume, & je n'en ai rencontré que très-rarement.

Un député dont j'avais fait la connaissance dans une société, s'offrit à m'introduire dans une séance très-importante du Conseil des Cinq-Cents. Je fus très-reconnaissant de cette proposition : mais quel fut mon étonnement, lorsqu'allant chercher chez lui ce petit représentant d'un grand peuple, il se présenta devant moi dans toute sa majesté civique, en long pantalon avec une écharpe de soie & son chapeau ombragé d'une touffe de plumes tricolores. Etait-ce pour me faire honneur ? je n'ose pas me livrer à une conjecture aussi orgueilleuse, quoique je n'aie trouvé aucun autre motif à cette appparition. Contre le principal mur de sa chambre s'élevait un groupe en maniere de trophée, composé de deux autres écharpes, d'un chapeau d'état, d'un sabre & de quelques paires de pistolets. J'inclinai humblement ma tête devant cette parade de mon homme, qui comme représentant du peuple me paraissait très-insignifiant, quoiqu'il m'ait en même tems raconté de grandes choses sur ses missions comme Député de la Convention, & comme quoi il avait *sans-culottiquement* tutoié le général en chef, & le commandant d'une place, en leur donnant ses ordres avec énergie. Suffit que j'ai été

rede-

redevable à ce personnage d'une place dans la tribune des pétitionnaires, dont j'ai profité ensuite toutes les fois que j'ai assisté aux séances de l'assemblée. L'habillement de la plûpart des représentans est propre & décent, il faut en excepter ceux qui, par leurs habitudes naturelles, ou par la position bornée de leur fortune, négligent leur extérieur, & blessent les yeux par leur tenue très-sale.

L'esprit de modération, d'ordre & de calme, ce bon esprit qu'on doit à la constitution actuelle, regne dans les assemblées, excepté dans quelques occasions très-rares où le démon de la discorde releve sa tête odieuse, comme lorsqu'il régnait journellement dans les assemblées précédentes. La plus grande majorité de l'assemblée est animée de ce bon esprit, tant ceux qui rendent leur nom célebre par leur talent oratoire & par les autres avantages de l'esprit & du caractere, que ceux en beaucoup plus grand nombre qui s'attachent aux premiers, uniquement pour voter, étant d'ailleurs des hommes

insignifians, comme par exemple mon représentant en costume.

Dans les scenes occasionnées par le choc
de l'esprit de parti de la minorité, le poids
de la majorité l'emporte toujours, mais elles
n'en sont pas moins scandaleuses, & elles sont
désapprouvées généralement. Les deux séances du 23 *Germinal* & du 21 *Prairial* (12
Avril & 9 Juin) ont produit deux de ces
scenes, dont la premiere seulement en vint à
de grands éclats de la part d'une faction,
dont l'ambition comprimée & l'esprit d'anarchie travaillent contre la constitution & le gouvernement, dès qu'elle en trouve l'occasion.

Comme témoin de toutes les deux, je veux
esquisser le tableau de ce triomphe de la forte
supériorité de la partie saine du conseil, qui
l'a emporté sur une cabale cachée, qui mine
secrétement l'ordre légal. Les départemens
méridionaux de la France, ces belles provinces en proie à des secousses intestines pendant les excès produits par les haines de parti, étaient encore agités le printems passé par
la soif de vengeance & les menées secretes

des terroristes cachés. *Fréron*, ci-devant commissaire dans ces départemens, avait été accusé par la minorité du conseil d'avoir favorisé les excès des terroristes, soit par trop d'indulgence envers les persécuteurs du parti modéré, soit par co-opération secrete avec eux. Ses accusateurs espéraient par la ruine de *Fréron* d'entacher le parti dominant du gouvernement, & par cette attaque indirecte à la constitution de l'anéantir elle-même. Le Directoire Exécutif, par la constitution, est autorisé, seul & sans le concours du corps législatif, d'aller au devant de toutes les fermentations qui naissent dans la République, & de maintenir la tranquillité publique par tous les moyens convenables. La minorité, en conséquence de son plan, avait dirigé ses batteries contre cette décision de la constitution, & par le représentant *Isnard*, qui n'était peut-être qu'un instrument & ne prévoyait pas le danger des résultats, elle avait fait la motion de faire nommer par le Conseil des Cinq-Cents une commission pour rechercher judiciairement les troubles qui avaient éclaté dans le midi de la France, & en découvrir les sources. Elle avait réussi à faire passer cette motion, qui était une attaque à la constitution, & qui ouvrait la porte à des dénonciations sans fin & à des querelles sanglantes.

Le 23 Germinal fut destiné pour le rapport de cette commission. Dans cet intervalle, la prévoyance de la majorité se réveilla sur la grandeur du danger qui s'apprêtait contre la constitution & contr'elle-même. Le conseil était beaucoup plus nombreux ce jour-là qu'à l'ordinaire. On prévoyait la tempête. La majorité était très-disposée à soutenir l'attaque de la cabale secrete, la minorité ne l'était pas moins à poursuivre son plan rusé : on attendait avec impatience l'ouverture d'une séance, qui renfermait dans son sein la victoire, ou la mort. *Doulcet Pontecoulant*, un des plus nobles membres de l'assemblée, généralement estimé pour ses talens, son esprit & son caractere, présidait avec beaucoup de dignité.

Thibaudeau, un des plus forts soutiens du gouvernement par son éloquence, sa pénétration & son talent, homme aimable, sage & discret, dès que la séance fut ouverte & que le procès-verbal de la derniere séance fut lu, se présenta comme rapporteur de la dangereuse commission des affaires du midi. Avec une tournure très-adroite, il excusa le comité sur ce que, d'après le court délai qu'on lui avait donné pour ses recherches, d'après le nombre des pieces, d'après l'augmentation de travail par l'arrivée successive de nouvelles pieces dont on n'avait pas eu le tems de vérifier l'authenticité, il ne pouvait pas présenter dans ce jour au conseil le rapport dont il était chargé, & il demanda une prolongation & de nouveaux ordres.

Ce fut le signal du combat. Une quantité d'orateurs demanda la parole. *Bentabolle* fut le premier. Son extérieur annonce un caractere bouillant & résolu. Il dénonça avec violence les meurtres commis sur les patriotes dans le midi, & invoqua la vengeance. Il proposa un message préalable au Directoire pour lui faire rendre compte des mesures qu'il avait prises pour appaiser les troubles.

Lesage-Senault voulut alors lire quelques lettres qu'il avait reçues de Toulon sur ces affaires. Il plaisanta la commission sur le retard de son rapport. La minorité exigea la lecture des papiers ; la majorité s'y opposa, & renvoya tous les documens au Directoire.

Guillemardet avait la parole : " distinguons, dit-il, dans ces circonstances le corps législatif d'avec les administrations. Tout ce qui concerne les faits & les personnes n'appartient point à la recherche d'une commission du corps législatif : cela concerne le Directoire seul ; c'est à lui à faire le rapport. Avant qu'une commission pût s'occuper de cette affaire, il faudrait changer les loix pour le midi de la France ; je ne le crois pas possible, car les lois sont faites pour la République entiere."

Thibault. Oui, c'est là le point de la question. C'est inconcevable. Comment a-t-on pu nommer une commission pour la recherche des faits dans des affaires extraordinaires.

Pour maintenir la tranquillité dans la République, vous devez soutenir avec vigueur les mesures prises par le gouvernement. Prenez-garde que par celles que vous adopterez de vous-mêmes, vous n'éveilliez les passions, vous n'enflammiez les haines, vous n'appelliez l'esprit de parti. Voulez-vous la paix dans le midi & dans toute la France, ne vous occupez plus des individus, ce soin regarde le Directoire seul.

Jourdan, député des Bouches du Rhône, orageux comme les habitans du midi, s'opposa à la suppression de la commission, tacitement proposée dans le discours de *Thibault*, & demanda avec chaleur la continuation & l'accélération de son travail.

Treilhard, au contraire, témoigna son mécontentement sur la nomination d'une commission, dans laquelle il voyait le rétablissement des anciens comités révolutionnaires. La constitution, dit-il en frappant au but de cette décision, la constitution défend toute communication d'une commission particuliere avec les administrations, ainsi qu'avec le

Directoire. Ces sortes de communications ne sont permises entre les assemblées législatives & le Directoire que par une correspondance. Et vous avez déféré à votre commission des accusations pour en faire la recherche ! Mais en supposant que les accusateurs se soient trompés, ou aient voulu vous induire en erreur, qui est-ce qui assure votre commission, qui est-ce qui vous garantit vous-même contre la surprise, l'erreur & la calomnie ? Et dans ce cas malheureux, à qui la France doit-elle se tenir ? A vous vous, qui au mépris de la constitution vous êtes immiscés dans le gouvernement !—La constitution exige que pour tirer les éclaircissemens nécessaires, vous vous adressiez au Directoire. Le Directoire vous les communique par écrit, & c'est là sur quoi porte sa responsabilité. Vous serez responsables de vos délibérations après que vous aurez reçu son rapport. Je propose un message au Directoire, pour lui demander un rapport sur l'état du midi de la France & sur les causes des troubles qui y regnent. Je propose en outre la suppression de la commission de recherche.

Ici commença une furieuse tempête. Le tumulte s'éleva & monta subitement au plus haut degré de rage. D'un côté, on demandait violemment que la discussion fut fermée. De l'autre, une foule de députés s'élançaient de leurs sieges vers la tribune pour demander la parole. *Isnard* s'en était emparé, on ne voulait pas l'entendre, & on couvrait sa voix avec des cris. La plus grande partie de l'assemblée était debout, & se débattait entr'elle. Les plus furieux s'étaient avancés au milieu de la salle devant la tribune. *Isnard*, hors de lui-même, parce qu'on refusait de l'entendre, s'élance de la tribune contre un député, qui le menaçait de son poing. D'autres membres se jettent entre deux. Un vigoureux huissier reconduit à son siege le député assaillant. A la vue du commencement de ce combat à coups de poing, l'allarme s'accroît au plus haut point.

En vain le président *Doulcet*, dont la voix & la clochette n'étaient plus entendues dans ce tumulte, tâchait par des attitudes, par des gestes supplicatoires, de rétablir le calme. Alors il se rasseoit sur son fauteuil, & se couvre. Ce signal de deuil sur la dissolution de tout ordre légal, sur le danger de la chose publique, sur l'impuissance du président de maintenir la paix dans l'assemblée, fut long-tems sans rien opérer, quoique ordinairement son effet soit rapide. Peu à peu cependant les représentans reprirent leurs places, tinrent leurs chapeaux bas tant que le président resta découvert, & le calme se rétablit ; mais ce ne fut que pour un moment. *Jourdan* occupait la tribune & s'arrachant les cheveux avec la contenance d'un furieux, il s'écriait, c'est donc ainsi que vous voulez livrer ma malheureuse patrie aux horreurs de la guerre civile ? Cette apostrophe effrayante occasionna un nouveau tumulte plus terrible qui faisait trembler la salle. Jourdan déchargeait sa rage sur quiconque l'approchait, & il frappa les représentans *Soubait* & *Talot*, qui venaient lui faire des reproches. La frénésie de Jourdan & d'Isnard démontraient que, dans cette affaire, l'esprit de parti & une cabale étaient en jeu.

Le président, inébranlable, s'était assis & couvert une seconde fois. Il était chagrin, ainsi que les gens bien pensans, en voyant *cette scene Anglaise*, qui avait déjà duré plus d'une demi-heure. Lorsqu'elle se termina, & que les députés eurent repris leurs places, il se leva avec une gravité admirable, & beaucoup de dignité ; sa figure est très-agréable, mais la pâleur de l'émotion d'un tel spectacle était répandue sur ses traits.

" Je rappelle, dit-il, aux représentans du peuple, qui ont interrompu nos délibérations par cette scene scandaleuse, qu'ils doivent sacrifier leurs passions au grand intérêt de la patrie, & qu'ils ne doivent employer dans les discussions qu'une raison froide & une sagesse sérieuse. Des fleuves de sang ont coulé en France pour nos divisions. Veut-on r'ouvrir nos veines pour en répandre davantage ? Veut-on métamorphoser le lieu des séances des législateurs en une arêne d'athletes ? Je rappelle à l'ordre tous ceux qui ont eu part à ce tumulte, je reprens à présent le point de la délibération ; les uns demandent la parole pour des éclaircissemens, les autres pour la déduction des faits : mais l'assemblée exige que la discussion soit fermée, je vais consulter le conseil à cet égard."

Le vote se prit par assis & levé, & la discussion fut fermée. On reprit les motions de *Treilhard* & de *Bentabolle*. Celle du premier passa, & la commission de recherches fut entierement supprimée, on rejetta quelques modifications proposées par *Isnard*, qui, sous quelque forme que ce fût, voulait la maintenir.

Cette scene scandaleuse, qui déplut fort au public, & qui ne put être vue avec une joie maligne, que par les ennemis du régime actuel, est l'unique de cette espece depuis la nouvelle constitution, ce qui fait honneur au nouveau corps législatif.

L'événement du 13 *Vendémiaire* & 21 *Prairial* est d'une autre nature. Là figura un homme, qui poussé par son ambition, se serait élevé, s'il avait pu, au poste de chef de parti ; il commença par provoquer la classe influente des membres les plus sages du gouvernement pour tenter de se faire des partisans.

Tallien fit une tentative pour se relever; mais son ennemi déclaré, le courageux *Thibaudeau* le rabaissa de nouveau par la force victorieuse de la vérité de l'éloquence. Tel fut le sujet.

Le bureau central de la police de Paris, par une méprise, avait fait citer plusieurs représentans, qui, blessés dans leurs droits par cette atteinte, se présenterent dans la séance du 21 Prairial, & porterent tour à tour leurs plaintes au Conseil. *Dumolard* proposa un message au Directoire, pour qu'il rendît compte des mesures de correction qu'il aurait prises contre ceux de ces agens qui méconnaissaient & offensaient la Représentation Nationale, & qui depuis long-tems donnaient des preuves de leur inconsidération pour ses membres. *Tallien* demanda alors la parole.

Effaré, pâle (vraisemblablement de la débauche de la veille), les cheveux en désordre, l'habillement dérangé, il se glissa au travers de la salle jusqu'à la tribune avec la tête basse

& l'air d'un homme profondément affligé, & par ce jeu préparatoire, ainsi que par un sombre & long silence, il attacha l'attention générale sur ce qu'il allait dire. C'était une scene étudiée d'avance. On écouta avec le plus grand silence sa menaçante annonce ; il voulait, dit-il, déchirer le voile, & découvrir d'importantes vérités. Il gémit sur l'avilissement journalier de la Représentation Nationale, sur la persécution des vrais patriotes, par une faction royaliste masquée ; sur les dénonciations, les calomnies, les médisances.— Il se plaignit de ce que les vrais patriotes étaient maltraités, méconnus, & que ce n'était autre chose qu'une *réaction* . . . . . . On avait entendu tranquillement son discours vuide, jusqu'à ce que par ce dernier mot *Tallien* eût l'audace d'attaquer le gouvernement. Mais à ce mot de *réaction* il fut interrompu par un orage général : une foule de membres se leverent ; plusieurs s'élancerent à la tribune, *Thibaudeau* à leur tête. A son aspect, *Tallien* perdit toute contenance : dans sa confusion il cherchait ses mots, & il cachait mal son trouble sous ses propres éloges. Il parla des services qu'il avait rendus en abattant le tyran *Robespierre* ; il jetta des regards de mépris sur son terrible antagoniste & accusateur, enfin il abandonna la tribune.

Alors *Thibaudeau* : " L'honneur du Conseil est intéressé à adopter la motion de *Dumolard*, non pas pour trouver des traces d'une offense préméditée faite à la Représentation, car c'est l'affaire des tribunaux, mais dans le fait, pour connaître la conduite du Directoire envers ses agens. Mais il me paraît très-nécessaire de détruire de cette tribune une assertion étrangere au fond de notre délibération, qu'on aurait dû épargner au Conseil, si on était sincérement animé du désir de maintenir l'ordre & le calme dans notre intérieur. On a prononcé le mot de *réaction*. Je me suis soulevé contre cette expression, bien convaincu qu'il existe réellement une *réaction*, dont il faut encore une fois parler, pour reconnaître le véritable esprit public, rallier les bons & réprimer les méchans. Je veux parler à mon tour d'une *réaction* très-notoire ; c'est la réaction de cette faction horrible, dans laquelle s'organi-saient les conjurés que, d'après les preuves authentiques de leurs plans criminels, vous avez jettés dans les fers* ; de cette faction qui a provoqué le 2 Septembre. . . ."

Ces paroles, dites avec une forte expression, ébranlerent visiblement l'Assemblée, & tous les regards se tournerent sur *Tallien*, qui, replié sur lui-même, était plutôt couché qu'assis à sa place.

" C'est, continue *Thibaudeau*, la *réaction* de cette faction qui a produit le 31 Mai, qui a proscrit la Représentation Nationale, qui a décimé la France entiere sur les échafauds, qui a mis la patrie dans les fers, qui élevait à *Robespierre* un trône sur le monceau de cada-vres de ses meilleurs citoyens ; de cette fac-tion qui cherche à vous épouvanter par ses menaces & ses cris, pour sauver les grands coupables que vous reconnaissez pour ses chefs. Oui, il est triste d'être obligé de si-gnaler, avant qu'il en soit tems, ces grands

* Il parle de la conjuration de Drouet. *Note de l'Auteur.*

coupables,

coupables, que le glaive de la loi atteindra indubitablement : il est triste de leur présenter d'avance la peine de mort qui les attend. Leur délit est monstrueux ; mais l'humanité soupire, même quand un coupable tombe."

" Il était nécessaire de relever les expressions que nous venons d'entendre, & de rappeller avec un peu plus d'exactitude les circonstances présentes. Le 13 Vendémiaire, le Royalisme attaqua la Convention Nationale, & l'assiégea jusques dans son enceinte ; elle triompha par son courage & par celui des guerriers rangés autour d'elle ; mais après la victoire, qui voulut s'emparer & profiter de l'avantage ? C'est encore la faction dont j'ai parlé. La Convention avait vaincu, la faction voulut régner ; il ne dépendit pas d'elle de prolonger le gouvernement révolutionnaire. Cette fois son attaque fut vaine, & le Corps Législatif succéda à la Convention. Alors elle a investi, assiégé le gouvernement ; honneurs, places, argent, pouvoir, tout lui a été prodigué, & elle aurait pû percer le sein de la République, qui voyait avec douleur ces nou-

 O

veaux dominateurs se préparer une seconde fois à la ravager & l'ensanglanter. Au sein du pouvoir législatif même, cette faction est entierement démasquée : elle a prouvé qu'aucun ordre de choses ne lui était convenable ; elle ne veut rien, rien, que la plus complete anarchie, rien que le désordre, le pillage & la dévastation ; elle est, elle sera toujours la même, tant que le glaive des loix ne sera pas appesanti sur ceux qui lui servent de chefs & relevent ses espérances. Vous avez vu dans la découverte de la derniere conspiration de quelle nature étaient ses atroces plans d'extermination ; voilà la *réaction* véritable qu'il ne faut pas un moment perdre de vue."

" J'étais absent lorsque les conjurés ont levé sur vous leurs poignards, mais s'ils avaient réussi à anéantir le gouvernement & vous dissoudre, leur triomphe eût été court, & le cercle de leur puissance eût été borné. Je déclare qu'armé avec les citoyens de mon département, j'eusse secondé le mouvement général qui eût éclaté dans la République ; les complices des factieux étaient connus, si-

gnalés ; ils auraient été exterminés, & le scep-
tre sanglant des proscriptions eût été brisé
dans la main des féroces auteurs de la conjuration.

" Non, j'en atteste les maux soufferts & les
victimes regrettées ; non, la terreur ne ré-
gnera plus sur les Français ; non, les Bastilles
ne s'ouvriront plus pour l'innocence ; non, les
têtes ne rouleront plus sur des échafauds........
(Un mouvement unanime éclate dans le Conseil; ce seul cri se fait entendre : *non, non,
jamais.*) Il n'est pas un Français qui ne courût
aux armes, si le signal du combat était donné ;
car enfin d'après les exemples éclatans d'audace
& de scélératesse dont ils ont été témoins, &
dont un si grand nombre furent les victimes,
il vaut mieux périr en combattant dans les
dissentions civiles, que de tendre lâchement le
cou à ses bourreaux.......(*Oui, oui, s'écrient une
foule de membres*). Je demande que la proposition de *Dumolard* soit adoptée, & sur tout
le reste l'ordre du jour. Lorsqu'on discutera
l'affaire qui nous est soumise, on verra de

quel côté est la *réaction*, & quels sont les cons-
pirateurs à craindre."

Je rencontrai cet excellent orateur peu d'heures après dans une société, où il fut reçu avec les plus grands applaudissemens. Mais il jouit de sa nouvelle victoire sur la faction, & de la reconnaissance de ses honnêtes concitoyens avec une modestie sans prétention, & une satisfaction muette.

ASSEMBLÉE LÉGISLATIVE.

Conseil des Anciens.

LE Conseil des Anciens, dans ses rapports avec celui des Cinq-Cents, & dans . . repré_sentation extérieure, porte le caractere des Censeurs d'Etat. Le calme, la retenue & la dignité regnent dans ses séances. Les membres vont & viennent sans fracas, & ne parlent que très-bas entr'eux, même avant l'ouverture des séances. Leur salle, dans le Château des Thuilleries, est plus avantageuse pour la voix ; le bruit des portes & de la marche sur les amphithéâtres n'est pas aussi perturbateur que dans la salle des Cinq-Cents. Les membres de ce Conseil ne portent point le costume proposé, ils ont leur habillement de ville, quelques-uns avec une écharpe sur l'épaule, quelques autres sans, mais aucun ne peut monter à la tribune sans écharpe. Les séances commencent à deux heures, & sont ordinairement très-courtes, à moins qu'il n'y ait

un rapport extraordinaire à faire sur un décret des Cinq-Cents. Les débats qui s'élevent
de tems en tems se passent avec ordre, calme
& modération. Ce Conseil compte parmi
ses membres beaucoup d'hommes respectables
& de savans distingués, & dans les discussions
importantes j'y ai entendu d'excellens discours.

La salle de ce Conseil est celle de l'ancienne
Convention : c'est un quarré long, où la lumiere vient d'en haut par une seule grande fenêtre. Le fauteuil du Président, élevé d'environ douze gradins, avec le bureau des secrétaires à côté, & la tribune vis-à-vis, sont
appuyés contre la longue partie du mur. Derriere le Président est une niche avec une sortie pratiquée dans le mur; au dessus de lui
sont pendus les drapeaux des puissances alliées
de la République. Les siéges des Députés,
formant un amphithéâtre de six gradins, occupent la longueur de la salle en demi-cercle,
& laissent un médiocre espace vuide devant la
tribune. Dans le mur, près de la tribune,
sont les deux loges des logographes, & au

dessus d'elles, & dans le côté opposé, celles des ministres étrangers. Les galleries pour les spectateurs sont en haut dans les deux petits côtés de la salle. On a peint les murailles à fresque, couleur de jaune antique avec des figures de législateurs Grecs & Romains, d'orateurs, de philosophes, des faisceaux républicains, des trophées, en couleur de bronze. Ces peintures font un effet désagréable à l'œil, & les statues colossales plates & grossierement peintes, paraissant suspendues sur des consoles, sont de vraies caricatures qui seraient à leur place dans le monstrueux palais du prince de *Paphlagonia* en Sicile, & non pas dans la salle d'un respectable sénat.

Le silence imposant & la dignité des séances du Conseil des Anciens contrastent avec le souvenir des scenes tumultueuses, qui ci-devant étaient à l'ordre du jour dans cette salle, des émeutes populaires & des horribles massacres qui l'ont souillée. Là est la place, où le 1er *Prairial* (le 20 Mai 1795) le sang du représentant *Ferraud* a inondé la tribune, où sa tête a été présentée au Président *Boissy* entre des piques & des sabres nuds. Là, au milieu de ses complices, était assis *Robespierre*, en attitude convulsionnaire, levant un front audacieux contre la tempête prête à l'écraser, bravant le décret d'arrestation que personne n'osait exécuter. On m'a montré comme une curiosité l'huissier à larges épaules, qui, enfin, alla lui ordonner au nom de la loi de quitter la salle.

La postérité aura peine à croire que les excès en soient venus au point qu'un seul homme se soit environné d'une force assez terrible pour faire trembler toute une nation. Croirait-on que des millions d'hommes portaient la lâcheté de l'esclavage jusqu'à craindre encore cet homme dans le moment où estropié & tout sanglant, il luttait contre la mort? Voici une anecdote peu connue, & qui fait frémir de cette époque malheureuse & des derniers momens de ce Dictateur. Tenant ses complices sous le bras, *Robespierre* avait quitté la salle de la Convention, il avait ensuite trouvé moyen d'échapper de nouveau de la prison du Luxembourg qu'on lui avait

(201)

destinée. Il s'était retiré à la Maison Commune, & de là, à la tête de la Municipalité de Paris, il lançait un ban contre la Convention. L'armée citoyenne enveloppa la Maison Commune, l'enfonça, & *Robespierre*, qu'on trouva dans une salle, tomba d'un coup de feu, qui lui brisa la mâchoire : nageant dans son sang, il était couché sur le plancher sans aucun signe de vie, une foule énorme s'était rassemblée autour de lui, incertaine s'il était mort, ou simplement évanoui. Tout à coup, se réveillant de son assoupissement, il frappa avec un mouvement brusque de son bras autour de lui ; aussitôt cette foule serrée autour de lui se sépara tremblante, & s'enfuit de tous les côtés, le tigre redouté respirait encore. *Robespierre* resta seul dans un grand espace vuide jusqu'à ce que quelques gendarmes, revenus de la premiere terreur panique, s'approcherent, l'enleverent & l'emporterent*.

* Je n'ai aucun doute sur cette anecdote essentielle & très-caractéristique, qui m'a été communiquée par un observateur philosophe de cette époque de terreur en France. Je ne me fie cependant pas assez à ma mémoire,

pour ne pas douter qu'il y ait erreur de lieu, en comparant les autres circonstances du 9 Thermidor ; en ce cas c'est moi qui ai mal entendu mon ami. Au reste, je rends ce récit comme je crois l'avoir reçu. Mais d'après les rapprochemens, cette aventure a pu se passer dans la salle du Comité de Sûreté Générale, où *Robespierre*, grievement blessé, fut apporté & étendu sur une table. Il y resta plusieurs heures sans sentiment, environné d'une foule qui le maudissait. C'est là peut-être que cette lâche multitude recula d'effroi devant la convulsion des griffes de ce tigre expirant. Ce n'est qu'un accessoire dans cette anecdote, que je n'ai cependant pas voulu supprimer. *Note de l'Auteur.*

Directoire Exécutif.

LA Nation a confié au Directoire Exécutif un pouvoir dont n'a jamais joui le Roi constitutionnel. Les Législateurs veillent à ce que ces *Pentarques* n'abusent pas de ce pouvoir : comme le Roi, ils ne sont responsables à personne des démarches précipitées de leur administration.

Si c'était pour le bien & la durée de la France que fût déterminé uniquement le choix de ces cinq hommes, cette élection serait d'un bien bon présage Quand on connaît ensemble & séparément la position intérieure & extérieure de ce nouveau gouvernement républicain, quand on observe avec calme, quand on veut juger le Directoire sans préjugés, alors on trouve dans son activité, sa vigilance, sa fermeté, ainsi que dans le choix des ministres & des généraux, les preuves de la prudence, de la sagesse & de la force avec lesquelles il administre l'emploi le plus important de la République ; la fréquentation de ces cinq hommes inspire aussi de la considération pour leur caractere personnel.

La Constitution a donné à ces premiers fonctionnaires de la République un éclat convenable à leur dignité. Elle a eu soin qu'ils pussent vivre avec leurs familles noblement sans superfluité, commodément sans profusion. Leur résidence est dans le Palais du Directoire National, ci-devant le Luxembourg. Il doit être à présent considérablement aggrandi & embelli. On attend un nouveau plan, d'un genre inconnu jusqu'à présent, pour l'arrangement d'une portion de ce jardin qui est bornée par un bois philosophique & silencieux, dont une partie vient d'être coupée en conséquence du plan projetté. C'est le respectable naturaliste d'*Aubenton* qui a donné le nouveau plan. Les plantations y seront arrangées suivant les productions des quatre saisons de l'année. Un terrain particulier sera disposé pour chacune, & l'ensemble, sans morceler la marche de la nature, suivra ses belles & simples opérations.

Les Directeurs habitent avec leurs familles des ailes & des étages séparés du palais, & ils y ont leurs bureaux communs & particuliers, leur chambre du conseil & leurs salles d'audience. Une garde d'honneur, constitutionnelle, de deux cent quarante hommes à pied & à cheval, garde le palais, & habite des casernes voisines. La garde à pied est composée de grands & beaux hommes d'élite. La garde à cheval, à cause de la pénurie des chevaux, était assez mal montée. Les grandes & larges queues de cheval qui descendent de leurs casques sur leurs épaules, & en couvrent la moitié, forment un coup-d'œil choquant, & déforment la taille de l'homme. Il y a de fortes gardes à l'entrée du palais & dans les salles d'audience. Les jours de fête, les gardes paradent avec beaucoup de pompe. Ils environnent le Directoire dans les solemnités publiques, & deux hommes accompagnent chaque Directeur, quand il sort à pied, ou en voiture.

Dans les fonctions publiques, les Directeurs sont magnifiquement vétus dans leur nouveau costume officiel. Ce costume Directorial est de bon goût, riche, & habille très-bien, quand il est porté par un bel homme comme *Barras*. Ils sont représentés avec précision dans les estampes enluminées, dessinées par *Garnery* & gravées par *Alix*; mais les couleurs des étoffes, les broderies & autres ornemens paraissent trop grêles sur ces petites figures, & ne donnent pas une idée assez avantageuse de ce costume, qui en lui-même est beau & grand. L'impression des sens pour le choix d'un habillement brillant, entierement différent du vêtement ordinaire, a été très-bien calculée pour le peuple, qui en France, comme partout ailleurs, s'attache si fort aux formes extérieures, qui était accoutumé à voir ses anciens régens & leur suite ornés d'habits superbes, & d'ordres brillans, & qui à présent se complaît à l'aspect de l'éclatante toge Directoriale.

La vie privée des Directeurs est républicaine, simple & très-retirée. La grande charge des affaires d'état leur laisse très-peu de momens de délassement. Leur journée

entiere est occupée par un travail sans inter-
ruption, & si quelquefois ils peuvent rassembler un cercle choisi d'amis de l'un & l'autre
sexe, c'est dans leurs appartemens particuliers sans faste & sans étiquette de cour.
C'est ainsi que *Rewbell* & *Barras* ont tous
les soirs à huit heures une assemblée de Thé,
dans laquelle on joue un petit jeu de commerce jusqu'à onze heures, & dans ces heures
consacrées à un entretien agréable & sans
gêne, ils accueillent avec bienveillance leurs
amis & les étrangers qui sont introduits chez
eux. Les dîners que les Directeurs donnent
rarement, & qui à présent ne commencent à
Paris qu'à six heures du soir, sont simples,
& different prodigieusement des repas des
insolens banquiers éphémeres, capitalistes &
fournisseurs. Ils consistent en deux services
modestes, & très-peu de convives : on n'y
voit pas cette abondance superflue de vins
étrangers, qui coulent à grands flots sur les
tables de ces arrogans dévastateurs de l'état.
Il n'y a même que *Barras* qui donne de tems
en tems des petites fêtes à sa maison de cam-

pagne, & des dîners en ville, dont il fait fort bien les honneurs, & où il admet des étrangers.

Quiconque est personnellement connu d'un des Directeurs, reçoit de lui une petite carte élégante sur laquelle est gravée en rouge la figure de la République, avec cette inscription : *Directoire Exécutif* ; & sur le revers ces mots imprimés : *laissez passer le Cit......* le nom est rempli de la propre main du Directeur avec sa signature. Cette carte ouvre le chemin au travers de toutes les gardes, non seulement auprès de ce Directeur, mais aussi à toutes les solemnités dans le palais, & à toutes les fêtes dans Paris. Ces petites cartes rouges sont universellement respectées par les gardes & procurent l'entrée partout. Dans une occasion où j'avais attendu long-tems, parce que la foule était grande devant la salle d'audience, je me trouvais encore très-loin de la garde intérieure, j'eus le bonheur de voir se fixer sur moi le regard d'un soldat, j'élevai en l'air ma petite carte Directoriale, & aussitôt la garde me fit ouvrir le passage.

Les

Les solemnités dans le palais national du Directoire sont des audiences publiques. Elles sont tenues avec la dignité & l'éclat convenables à un grand état libre. Les audiences journalieres ont une beauté simple, & les salles sont décorées avec goût. Leurs plus brillantes, & en même tems plus honorables décorations, sont des trophées des armées républicaines, grouppés çà & là contre les murailles sous le plafond, des faisceaux suspendus de drapeaux conquis.

Tous les jours à midi, la salle d'audience est ouverte, & tout le monde y est admis en montrant à la garde sa carte civique & laissant sa canne dans le corps-de-garde. Les huissiers, avec leur costume de Scapin, en ont la police. Les spectateurs sont toujours très-nombreux, & sur des chaises le long des murs, ainsi que sur des banquettes placées en demi-cercle on voit beaucoup de dames élégantes. Le milieu reste libre, il n'y a que les officiers de la garde & autres qui s'y tiennent, en attendant l'entrée des Directeurs. Un profond silence regne parmi les spectateurs. De la salle intérieure du conseil sort le Directeur, dont c'est la décade de tenir l'audience, ce qui change toutes les semaines, il est dans son habit d'état ordinaire, alors les huissiers crient : l'audience est ouverte. Quiconque a quelque chose à communiquer au Directeur, soit des mémoires à remettre, ou des explications à lui faire, s'avance sans distinction d'âge, ni de sexe ; celui-ci parle à chacun, bas, après avoir parcouru le mémoire, renvoie à un bureau, ou donne de bouche, ou par écrit, la décision sur les propositions qu'il a reçues le jour précédent. Quand l'huissier a encore averti plusieurs fois, si personne ne se présente plus, le Directeur se retire dans l'intérieur. L'ensemble de ces audiences réunit la dignité simple avec la liberté républicaine.

Les grandes audiences de chaque mois ont plus d'éclat, comme cela convient. Les gardes, avec d'autres troupes paradent, dans la grande cour remplie des équipages de gala des ministres étrangers, & forment depuis la grande porte jusqu'au bel escalier du palais, & de là jusqu'à la salle d'audience une double ligne qui salue les ministres étrangers avec les honneurs militaires. Les ministres étrangers paraissent là, comme autrefois dans les jours de gala dans toute leur pompe & décorés de tous leurs ordres. Les Directeurs portent suivant que les circonstances l'exigent, ou le grand habit de cérémonie, ou le costume Directorial ordinaire. Souvent ces grandes audiences se donnent dans la salle du conseil, on a soin seulement alors d'ouvrir les deux battans pour l'excédent des spectateurs qui sont obligés de rester dans la salle d'audience. C'est ce qui est arrivé à la premiere audience de l'ambassadeur du Roi de Sardaigne, qui en conséquence du dernier article du traité de paix, fut obligé de faire une déclaration peu agréable pour son Roi, sur les mauvais traitemens éprouvés dans ses états par les envoyés de France *Maret* & *Sémonville* ; par égard pour son humiliation, le Directoire ne reçut ces excuses que dans la salle intérieure du conseil devant les ministres étrangers, les ministres de la République & l'état-major-général. Il n'en perça rien dans le public, & la foule de spectateurs qui était rassemblée dans la salle d'audience. quelque attention qu'elle prêtât, & malgré le silence, n'entendit rien du discours de l'ambassadeur, parce qu'il parla très-bas, sans être interrompu par l'apostrophe de : *parlez plus haut, Monsieur l'Ambassadeur* ; comme cela arriva à un envoyé de Hollande devant l'orgueilleux Louis XIV.

Sans offenser la discrétion, la justice & la délicatesse, dont on doit accompagner le jugement public ou personnel que l'on porte sur une personne quelle qu'elle soit, sans choquer les égards particuliers, qu'il me soit permis de tracer en particulier quelques traits marquans du caractere public & particulier de ces cinq hommes, dont on parle si diversement sans les connaître. J'ai eu beaucoup d'occasions de les voir de près & de les pratiquer : j'ai entendu des jugemens très-impartiaux sur leur compte, je me suis trouvé lié avec des hommes très-pénétrans, qui pouvaient & voulaient dire la vérité ; cette voix

m'a paru la voix du meilleur & du plus juste
public Français, dont le jugement n'est ni
entraîné, ni égaré, par des vues particulieres,
ou personnelles. Cette esquisse caractéristique des cinq Directeurs, dans l'ordre de
leur rang dans le Directoire, est l'écho de
cette opinion, & le résultat de ma propre
expérience.

Rewbell, avant la Révolution, était un avo-
cat de la cour souveraine de Colmar, très-estimé
pour son activité, son amour pour la justice,
son désintéressement & son éloquence, &
craint des tyrans féodaux, parce qu'il défen-
dait souvent leurs sujets opprimés avec beaucoup de force. Il est resté fidele à son caractere, comme homme d'état dans l'assemblée
constituante, comme député à Mayence pendant le siege de 1793 & dans d'autres missions.
Je suis entré dans Mayence, peu de jours
après sa reddition, & dans le premier éclat
des passions révoltées de beaucoup de citoyens
qui avaient gémi sous le despotisme du comité révolutionnaire de surveillance, & avaient
tout perdu, j'ai entendu porter un jugement

très-modéré sur le député *Rewbell*, pendant que tout d'une voix, on chargeait des plus sanglans reproches son co-député, le fougueux, brutal & dur *Merlin* de *Thionville*. Dans ces violentes déclamations des habitans de Mayence, l'auditeur calme ne pouvait pas distinguer la vérité de l'exagération, & alors *Merlin* trouva dans Paris plus d'admirateurs du courage qu'il avait montré dans la défense de Mayence, que de censeurs du reste de sa conduite. Mais depuis lors l'opinion a bien changé, & les faits étant mieux connus, la vie dissolue de *Merlin* a amené ses propres défenseurs à penser comme le public sur son compte. Quant à *Rewbell*, son caractere est resté imperturbable, lorsqu'on jugeait de l'affaire avec impartialité, & l'apologie qu'il prononça le 17 Août 1793 dans la convention sur des reproches mal fondés qui lui furent faits, porte le cachet de la candeur & de la vérité.

Dans l'assemblée constituante, où on laissait de côté les talens médiocres, *Rewbell* ne fut pas négligé, il s'acquit la considération des meilleures têtes. Pendant l'assemblée législative, il rendit de grands services dans son département par son activité. Comme membre de la convention, il défendit sa patrie contre la rage dévastatrice des anarchistes. Après la chûte de *Robespierre*, il fut un des premiers qui attaquerent la faction des Jacobins, & il vota le premier pour la destruction de leurs assemblées. C'est pour ce coup hardi que les anarchistes le haïssent, & que tous les bons Français doivent l'aimer. Il se distingue, comme Directeur, par une ténacité ferme dans son opinion, quand il l'a conçue avec profondeur & intimément adoptée. On lui reproche la roideur de son opiniâtreté, on dit que cette fermeté d'opinion n'est pas toujours appuyée sur une considération éclairée, une connaissance suffisante, & sur une prévoyance qui embrasse l'ensemble des affaires. Je ne suis pas en état de juger les cas particuliers pour lesquels on le charge de ce reproche : mais quiconque examine avec équité la charge pesante, le labyrinthe des affaires dans son emploi public, quiconque considere avec impartialité les difficultés de la position personnelle d'un homme, qui avec une probité inébranlable, un désintéressement incorruptible, gouverne le département des affaires étrangeres & des finances, dont le principe, plus ferme qu'un roc, est de ne jamais compromettre la dignité de l'état ; quiconque, dis-je, jette un regard réfléchi & sans prévention sur les embarras & les dangers d'une pareille position, n'asseoira pas son jugement sur des cas particuliers, mais sur l'ensemble de la conduite d'un tel homme.

Rewbell, dans ses déterminations mâles & quelquefois âpres, suit toujours sa propre conviction, sans cependant les soutenir par un entêtement morose, quand par le changement des circonstances de l'affaire, ou par une tournure qui lui en fait voir les autres côtés, une opinion différente vient combattre celle qu'il avait adoptée. Il a prouvé, dans les tems les plus orageux, qu'il méprise l'esprit de parti, & qu'il haït les cabales. Il tient à lui-même, il est soupçonneux & armé contre toute influence étrangere : mais il ne rebute pas l'opinion des hommes-qu'il estime, quand elle renferme des avertissemens francs & sérieux, dont il peut profiter. Il n'est point offensé de leur sévérité, quoique la mine froide & sombre qui lui est propre, les repousse.

Un très-grand avantage de son noble caractere est l'oubli des disputes personnelles & même des mortifications qu'il peut avoir essuyées des hommes qu'il estime d'ailleurs. Le trait suivant en est une preuve parlante. Il avait eu dans Mayence, pour diversité d'opinion, de violentes disputes avec un homme d'honneur, qui l'avait traité sans ménagement ; il ne l'avait pas revu depuis. Dès qu'il fut élu Directeur, apprenant que cet homme était dans Paris, il le fit appeller. Etonné de l'invitation, celui-ci alla trouver *Rewbell*, de qui il n'attendait pas un accueil favorable. Sans lui rien rappeller du passé, le Directeur lui tendit la main, & le connaissant pour un habille travailleur, le pria d'accepter une place dans le bureau d'un ministre ; celui-ci l'occupa sur le champ ; & depuis ce tems, sans recevoir & sans attendre de son protecteur aucun autre témoignage de ferveur, il le fréquente avec la franchise & la cordialité d'un ami.

Cette noble particularité du caractere de *Rewbell*, ne peut pas, selon moi, être obscurcie par la désunion qui, à ce qu'on assure, existe entre lui & *Sieyes*. Ils étaient tous deux députés pour aller conclure le traité de la Hollande, & on connaît trop peu les causes de cette querelle, qui peut-être n'est née & n'existe que d'un côté, pour en tirer des conséquences au préjudice du caractere confiant & ouvert de *Rewbell*.

Comme homme privé, il montre l'amour de l'ordre, la modération, la fidélité en amitié & toutes les vertus d'un pere de famille. Il avait près de Paris une petite maison de campagne, où il allait presque tous les soirs après ses affaires finies, & revenait le matin de bonne heure à son travail. Son extérieur froid & sec, qui contraste avec l'aménité de l'éducation Française, son silence glacé & repoussant se dissipent quand on le fréquente ; il gagne

à être connu comme tous les hommes singu-
liers, & on le trouve alors franc & sincere *.

Le Tourneur, de Granville, département
de la *Manche*, fils d'un commis de la marine,
s'est fait estimer dans les emplois dont on l'a
chargé, comme un homme plein de capacité,
de connaissances, de régularité, de prudence
& de courage ; il aime les arts & les cultive,
& par prédilection les mathématiques, la
tactique & la marine. Il a été élu député de
Cherbourg à l'assemblée législative, & il s'est
fait aimer par sa prudence dans la conduite
des affaires. Dans la convention il était président du comité de marine, directeur des
travaux du camp de Paris, commissaire près
des armées employées contre l'Espagne ; après
la chûte de Robespierre, à cette époque de
résurrection, il a été un des employés les plus
actifs du gouvernement.

* La catastrophe du 18 Fructidor (4 Septembre 1797),
jette un jour moins favorable sur le tableau tracé ci-
dessus. Il paraît qu'il n'a pas pardonné à *Carnot* sa
diversité d'opinion sur l'extension des limites de la
France, ni à *Barthélemy* ses talens diplomatiques & sa
modération. *Note du Trad.*

Le Tourneur est ennemi des intrigans & des ambitieux, il aime la sévérité des mœurs Spartiates. Soupçonneux envers les hommes qu'il n'a pas éprouvés, il est retenu & peu communicatif, quoique d'ailleurs d'un caractere enjoué. Ses amis vantent ses vertus sociales. Comme Directeur, il est chargé du département de la marine. On lui attribue de grandes connaissances dans cette partie ; mais il ne faut pas citer comme une preuve de son génie la derniere expédition d'hiver de la flotte de Brest *.

Les trois dernieres campagnes de cette guerre décident du brillant mérite de _Carnot_, sans que personne d'aucun parti le lui conteste. Quand les historiens, qui accompagnent les généraux, comme _Polibe_ faisait

* _Le Tourneur_ était un très-médiocre ingénieur, sans esprit, sans moyens, qui cachait son insuffisance sous un air grave, avec toute la faiblesse des hommes sans mérite. Il paraît, par sa révocation des conférences de Lille, & par l'oubli dans lequel il est tombé depuis, après avoir été un des _Pentarques_ de la France, qu'on l'a regardé comme un des partisans subalternes de Carnot. _Note du Trad._

dans l'armée de *Scipion*, pourront, à l'aide des dessinateurs & des géographes qui les suivent, rassembler les matériaux vrais & exacts, & donner une histoire complete de la plus remarquable & la plus sanglante de toutes les guerres ; alors le nom de *Carnot* qui a tracé les plans, & surtout celui de la mémorable campagne de 1794, sera célebre auprès de la postérité. Il est né dans le petit village de *Nolay*, département de la *Côte-d'Or*. L'étude très-approfondie des mathématiques en a fait un ingénieur militaire très-distingué.

Carnot est un des plus forts travailleurs du Directoire, il n'a de plaisir & de jouissance que dans une activité incessante, dont il ne distrait que quelques heures pour son sommeil. Il tient de sa propre main la correspondance avec tous les généraux pour les détails d'exécution des plans qu'il leur a tracés. Il joint à des vues profondes sur toutes les parties de l'art de la guerre, une connaissance précise de la topographie & des avantages locaux de toutes les contrées où les armées agissent. Par des rapports partiouliers qu'il sait se procurer avec certitude, par des voies que les généraux eux-mêmes ne connaissent pas toujours, sur les détails des opérations, il connaît la capacité des officiers & des soldats qui se distinguent ; & c'est à la pénétration de ce Directeur que la République a l'obligation de tant de généraux fameux, rapidement élevés à ce haut rang. *Carnot* dans le Directoire est celui qui s'opposait à l'extension des limites de la France jusqu'au Rhin ; il motivait son avis comme ingénieur, en démontrant que cette prolongation de frontieres allongerait la ligne de défense de quarante lieues. Mais il rencontra une grande opposition dans le Directoire, surtout de la part de *Rewbell*, qui s'appuyant sur d'autres bases, défendit l'opinion contraire avec l'opiniâtreté qui lui est propre contre son fort adversaire.

La critique toujours active, toujours acharnée contre les mérites distingués, découvrant avec son œil perçant les plus petites taches d'un grand homme pour les grossir & l'éclipser, fait au Directeur *Carnot* le reproche irrécusable d'avoir été un des membres du comité de salut public fondé par *Robespierre.* Quiconque le voudrait trouver exempt de blâme, devrait implorer le silence de l'histoire sur cette funeste époque, ou tâcher d'effacer sa signature des innombrables sentences de mort prononcées par *Robespierre,* à moins qu'on ne voulût employer particulierement en sa faveur la faible excuse de ne pouvoir lire tout ce qu'on signait, vû la rapidité & la quantité des affaires qui surchargeaient le comité dominateur, ce qui donnait la facilité à *Robespierre* de faire passer sans examen ses jugemens de mort.

Comme membre de ce comité, *Carnot* trouva un vaste champ pour ses talens, car il dirigea toutes les affaires de la guerre, notamment son chef-d'œuvre de la campagne de 1794, & commanda lui-même la plus forte colonne à l'importante bataille de Maubeuge. *Carnot* ne se laissa point éblouir, comme tant d'autres, par le masque patriotique de *Robespierre,* il ne fut jamais un des flatteurs publics ou secrets de ce Dictateur : au contraire, ce fut lui qui dans la minorité du comité, vota toujours contre les mesures cruelles de ce monstre, lui reprocha son sanglant despotisme, & le traita de lâche tyran en pleine séance du comité. Le comité le craignait pour sa modération, & *Robespierre* le ménageait, parce qu'il ne trouvait pas à remplacer ses talens pour la conduite de la guerre, & qu'il n'osait pas l'attaquer publiquement comme membre du comité.

Carnot est connu comme un poëte plein de génie & de goût, & comme un homme très-aimable en société ; son visage pâle & un peu souffrant, sa physionomie calme & sereine portent le caractere d'une ame calme, gaie & ouverte. Ses amis vantent son attachement & sa constance, son infatigable obligeance & ses soins pour ses amis, sa tolérance même dans les plus grandes contrariétés d'opinions & de principes, & ses vertus domestiques. *Carnot* aime les arts & les sciences, et leur consacre tous ses momens de délassement. Il écrit sur les mathématiques, et l'automne dernier, l'Institut National l'a élu

tout

tout d'une voix pour un de ses membres. Il prise & avance le mérite, & il recherche la connaissance des savans & des hommes d'état les plus distingués.

Que celui qui ne trouve pas que ces faits, qui honorent le caractere de *Carnot*, comme homme, sont suffisans pour adoucir le reproche d'une époque d'erreur, que l'homme, dont les mains sont restées pures à la tête d'un grand état, dont la conduite sans tache peut livrer sa vie entiere exempte de reproche à l'inexorable jugement de l'histoire ; que cet homme unique & impeccable ne pardonne pas les fautes passées de Carnot, & lui jette la premiere pierre.

D'autres frondeurs reprochent la jalousie contre les talens militaires & conséquemment la démission de *Pichegru*. Ce premier reproche se refute de lui-même par la conduite de *Carnot* avec les armées. Il est d'ailleurs clairement prouvé qu'une querelle avec *Jourdan* a occasionné l'abdication de *Pichegru*, qui, comme homme et philosophe, n'aime pas la guerre. *Jourdan* a depuis justifié le mécontentement de *Pichegru*, en laissant désorganiser par une indiscipline sans exemple son armée alors victorieuse dans le centre de l'Allemagne. Il se refusa aussi à l'exécution du passage du Rhin, averti par l'histoire, que les armées Françaises trouvent toujours le tombeau de leur gloire au delà de ce fleuve. Entier dans son opinion, il déposa le bâton de commandement, couronné dans ses mains par la victoire, se retira dans un petit bien à Arbois près de Besançon, très-peu fortuné il cultiva lui-même son champ comme Cincinnatus, & il consacra ses loisirs aux sciences. De cette solitude, ce Héros philosophe écrivait à un de ses amis à Paris, entre les mains duquel j'ai vu sa lettre, ces mots simples & sublimes. *Je suis seul ici, avec mes livres & mes souvenirs* *.

La justice & les affaires de l'intérieur sont dans les mains de *la Réveillere-Lépaux*, du

---

* *Carnot*, avec tout son mérite & tous ses torts, a été la principale victime de la catastrophe du 4 Septembre 1797. Il a été condamné à la déportation avec cet honnête *Pichegru*, sans qu'aucun des prétendus complices de cette conjuration contre-révolutionnaire ait été entendu, ni jugé. On le croit mort. *Note du Traducteur.*

département de la *Vendée* : il était précédemment propriétaire auprès d'Angers, où il avait fondé plusieurs instituts littéraires, entr'autres un jardin de botanique. L'opinion généra', non seulement des impartiaux, mais même des personnes les plus opposées au régime actuel, de celles qui ne tarissent pas sur les censures des Directeurs, se réunit à l'appeller par excellence l'homme vertueux. La France a rendu hommage au civisme le plus pur, dit-on, en confiant à *la Réveillere* le premier emploi de l'état. L'opinion publique est d'accord sur ses vues comme homme d'état, ses connaissances comme savant & ses vertus morales comme particulier. Il était membre des Etats Généraux & un des solliciteurs les plus zelés d'une assemblée générale constituante & de la suppression de la division des ordres. Au commencement des troubles de la Vendée, il courut risque de la vie dans le moment, où il cherchait à inspirer la paix, où il employait toute son éloquence pour détourner de sa patrie le fléau de la guerre civile. Il n'a jamais appartenu à aucun parti, il aime la

paix, il prise le mérite dans tous les états &
chez toutes les nations, & il se déclare avec
une franche énergie pour tout ce qui est beau
& bon.

Son regard inspire la confiance & le respect, quoiqu'il ait une taille petite & un peu
contrefaite, des cheveux noirs & courts, des
sourcils épais & un teint jaune. Quelque
part, & sous quelque habit qu'il paraisse, son
extérieur annonce un excellent & honnéte
homme. Je l'ai vu souvent assister aux séances
de l'Institut National comme membre de la
seconde classe, de la section de la morale ;
le jour de l'ouverture solemnelle de l'Institut,
il y présidait en toge Directoriale dans un
fauteuil sur une estrade, il paraissait faire des
efforts sur lui-même, pour ne pas préférer à
ce poste d'honneur sa place sur les bancs des
membres, auxquels il désirait se réunir.

La Réveillere avait été haï & persécuté de
Robespierre, pour avoir bravé les plus furieux
démagogues. Il abdiqua sa place de député
pour se sauver des mains du Dictateur. Sans
se cacher avec trop de soin, il vécut pendant
cette époque de persécution de la vertu, à la

campagne, dans les environs de S. Quentin. A mon retour de France, traversant cette ville, où je visitai des amis de *la Réveillera*, j'entendis dire à un brave homme, qui avait été exposé, ainsi que sa famille, à des dangers pour sauver ce représentant persécuté : *quel est le bon Français qui n'aurait pas fait la même chose, & qui, au péril de sa vie, n'aurait pas forcé cet homme vertueux de prendre un asyle sous son toît ?* Il a été un des principaux collaborateurs de la constitution actuelle, après que la convention, délivrée de l'esclavage, l'a rappellé, & lui a rendu sa place de député. Pour son élection comme Directeur, il a eu toutes les voix du Conseil des Anciens, excepté deux.

Le plus grand & le plus bel homme parmi les cinq Directeurs, est *Barras*. Il est agréable & gai en société ; mais dès que le danger de la patrie l'appelle au combat, il est un des plus braves défenseurs de la République. Il s'est acquis surtout cette réputation à la derniere émeute des sections, le 13 *Vendémiaire* (5 Octobre) à laquelle il a l'obligation de sa place de Directeur, après le refus de *Sieyes* & l'omission du profond *Cambacérès*. *Barras*, qui dirige à présent le département de la Police, était un officier distingué par son intrépidité, d'une famille d'ancienne noblesse militaire de Provence. Son oncle, le Vicomte de *Barras*, s'était aussi distingué comme un brave guerrier. Le jeune *Barras* alla dans l'Inde avec l'amiral *Suffren*, mais on dit que cette premiere campagne ne tourna pas à son honneur. Il chercha d'autant plus à se mettre en avant au siége de Toulon : il aida ensuite dans la journée du 9 *Thermidor*, par des actions d'éclat, à abattre la révolte tentée par *Henriot*, commandant de Paris, contre la convention en faveur de *Robespierre*. Le 13 *Vendémiaire*, secondé par *Buonaparte*, pour lequel se préparait en Italie une moisson de lauriers plus glorieux, il combattit à la tête de l'armée de la convention contre la foule des Parisiens révoltés, & par une victoire décisive, il sauva la convention.

Ses ennemis, & il en a beaucoup parmi le peuple, lui reprochent d'avoir outrepassé les mesures de force qu'exigeaient les circons-tances, & d'avoir continué à répandre le sang des citoyens, même lorsque la victoire était déjà décidée en faveur des troupes convention-nelles. Comme dans ce tumulte les troupes, devenues furieuses par la résistance, conti-nuerent jusqu'à la nuit à balayer avec du canon à mitrailles les rues désertes, on dit que plusieurs citoyens paisibles furent tués aux fenêtres & dans leurs maisons : on dit aussi que plusieurs femmes, pour s'exciter à la vengeance, portaient sur elles les balles & les lingots, avec lesquels leurs maris, ou leurs enfans ont été tués. Quelque peu responsa-ble que puisse être *Barras* du sang répandu pour étouffer promptement cette sédition, il paraît craindre les conséquences de l'aversion populaire que cette journée a inspirée contre lui.

Le jour qu'un aide-de-camp de *Buona-parte* vint présenter au Directoire les premiers drapeaux conquis dans la campagne de l'été passé, peu d'heures après qu'on venait d'abat-tre la conjuration de Drouet, j'ai vu *Barras*

dans une inquiétude pénible. Pendant l'audience, il se tournait sans cesse de tous les
côtés sur son siége, comme un homme qui
craint d'être attaqué par surprise, pendant que
ses quatre collegues étaient calmes & posés.
Barras, qui est celui des Directeurs qui jouit
le plus de la vie, possede, à Surêne près Paris,
une très-élégante maison de campagne dans
une belle position.

Les Ministres.

LA nomination des sept ministres actuels fait honneur à la pénétration du Directoire dans le choix de ses collaborateurs. Chacun est dans sa sphere ce qu'il doit être, & la plûpart ont des talens reconnus. Les ministres peuvent être regardés comme les secrétaires d'état du Directoire, sous les yeux duquel ils préparent & conduisent les affaires. Leurs occupations sont immenses, & la seule partie méchanique de leurs travaux surpasse presque les forces humaines. Seulement par la signature des expéditions de toute espece de leurs bureaux & par la correspondance, ils consomment la plus grande partie de leur tems. Ce ne sont point les chefs de leurs bureaux qui sont responsables de toutes ces écritures, comme cela devrait être dans une organisation de département bien ordonnée, mais les ministres eux-mêmes. Ils sont donc obligés de lire scrupuleùsement tous les écrits conçus par leurs sous-ordres, & souvent de les retravailler eux-mêmes avant d'oser les signer. Ce vice évident de l'organisation des bureaux du ministere est la principale cause de l'énorme surcharge de travail, surtout dans les départemens des affaires étrangeres, de la police générale & des finances. Il leur reste à peine quatre heures pour dormir, & la plus forte constitution succombe à cette fatigue excessive. Cependant *Charles de la Croix*, avec sa stature presque colossale, soutient plus légerement cet énorme fardeau que *Merlin de Douay*, qui pour cette raison a été contraint d'abdiquer le ministere de la Police.

Les ministres habitent de somptueuses maisons nationales, qui étaient autrefois des bâtimens royaux, ou des hôtels d'émigrés. La maison qu'occupe *la Croix*, dans la rue *du Bac*, est l'ancien hôtel Gallifet, l'un des plus beaux de Paris, & le cabinet de travail, où ce ministre tient ses conférences avec les ministres, est décoré d'une colonnade, & meublé magnifiquement & avec goût.

Tous les matins, à une heure indiquée d'avance, les ministres, dans le costume de leur charge, vont à l'audience au Directoire, ils font le rapport des affaires de leur département, présentent à l'acceptation de leurs chefs les projets, ou décisions de chaque affaire, & reçoivent les ordres des Directeurs.

Charles de la Croix, ministre des affaires étrangeres, jouit de la réputation d'un homme droit & d'un grand travailleur. L'application, la diligence & l'ordre dans les affaires ne suffisent pas, pour remplacer dans une place aussi importante, le génie & la pénétration qu'exige surtout ce département, mais si l'esprit de parti l'accuse de manquer de ces facultés sublimes, on ne peut pas au moins lui refuser les premieres ; & dans la situation critique de la nouvelle République, dans ses rapports intérieurs & extérieurs, aucun autre peut-être ne pourrait à la place de *la Croix* échapper à la critique. Quand même, comme on le disait, pour confier ce département à un homme d'état plus adroit & plus consommé, le Directoire voudrait donner la démission à un homme, dont le caractere public & privé est sans tache, & dont l'activité

& l'honneur sont réunis à un patriotisme ardent, il ne pourrait pas, sans injustice, faire un pareil tort à un homme qui se recommande par son caractere. Au sortir du ministere, d'après la constitution, il ne pourrait pas reprendre sa place de représentant dans le corps législatif pendant les premieres années, & on dit qu'une maladie incurable, qui ne peut pas lui permettre de longs voyages, s'opposerait à ce qu'il pût accepter une ambassade *. On reproche à son patriotisme exagéré l'éloignement de plusieurs excellens travailleurs, qu'il a renvoyés de ses bureaux, parce qu'il a cru découvrir en eux de la froideur dans les affaires de la République. Il a ainsi congédié l'un après l'autre, l'été passé, sur ce soupçon, même léger, soixante & dix personnes, parmi lesquelles d'excellentes têtes, fort difficiles à remplacer. *De la Croix* reçoit avec une franchise & une honnêteté républicaines tous les

---

* Il est nommé pour remplacer près de la République Batave le Citoyen Noël dans la place de ministre de France, ainsi son incurabilité n'a pas paru un obstacle. *Note du Traducteur.*

étrangers qui ont des affaires à traiter avec lui. La porte du cabinet de ce ministre populaire n'est fermée à personne ; on a toujours audience (ce qui arrive chez bien peu d'autres ministres), même quand on vient solliciter l'expédition de quelque affaire traî-nante dans ses mains, & dont souvent le retard tient à des formes d'expédition. Il écoute sans altération, sans impatience, des remon-trances quelquefois très-dures, avec un sang-froid doux & calme qui lui est propre. Au travers de ses affaires, pendant qu'il travaille à son bureau, il s'occupe des étrangers, les fait asseoir, & les reconduit jusques dans son anti-chambre. Ces petits traits, quelque peu importans qu'ils paraissent, ne sont pas indif-férens dans le caractere du ministre des af-faires étrangeres d'une République.

Ramel, ministre des finances, est intelligent, actif, probe & simple. Il est exactement vrai qu'il emploie douze ou quatorze heures de sa journée à l'occupation purement mé-chanique de signer une foule de pieces qu'il ne peut pas lire, & dont cependant il est responsable. Il dort extrêmement peu, & souvent il est arrêté tout court dans ses affaires par des maladies à la suite de ses travaux forcés & de ses veilles. Il faudrait un bien grand médecin pour guérir l'épuisement sous lequel succombent les finances Françaises, maladie rendue presque incurable par le régime des prédécesseurs de ce ministre.

Le ci-devant ministre de la police, *Merlin de Douay*, avait sollicité deux fois sa démission du ministere, mais elle lui avait été refusée, à cause de sa grande activité, de son amour de l'ordre sévere & d'une précision singuliere dans son administration. Par l'inspection des minutes des chefs de ses bureaux, le ministre fut entraîné dans l'occupation peu ministérielle de la censure du style & de la tournure des phrases, & releva avec beaucoup de sévérité les plus petites bévues contre la langue & la logique. Il n'y a, hélas ! encore que trop de grands ignorans dans les bureaux de ce ministre. Ils commettent des fautes qui mériteraient la férule d'un maître d'école, auquel le ministre devrait les renvoyer, au

lieu de perdre son tems à leur instruction.
Merlin, ayant exigé son congé une troisieme
fois, a été remplacé dans le département de
la justice, pour lequel il est propre par la
profonde connaissance des lois, son caractere
froid & sa probité éprouvée. Ce choix donne
l'espoir d'une meilleure administration de la
justice, qui jusqu'à présent avait été fort né-
gligée *.

Heureusement la place de ministre de la
police a été donnée, après lui, au représentant *Cochon*. A une grande vivacité d'esprit
il réunit, dans son administration très-com-
pliquée, la vigilance, la sévérité, la fermeté
& l'audace dans l'emploi des mesures nécessaires pour assurer la tranquillité publique & pour déjouer les cabales. Si *Cochon*
ne réussit pas à rétablir la sûreté, troublée
plus que jamais par les vols qui se commettent dans les rues de Paris, qui est-ce qui
pourra purger ce cloaque d'immondices ? le

---

* *Merlin* est devenu un des cinq Directeurs par la Révolution du 4 Septembre 1797. *Note du Trad.*

vrai caractere d'un ministre de la police est empreint sur tout l'extérieur de cet homme. Le feu de ses grands yeux semble fureter & découvrir dans tous leurs échappatoires les cabales conspirées contre la paix de la République ; son corps est toujours dans une espece de mouvement d'exaltation, quand il parle. Tout dans cet homme annonce une guerre perpétuelle aux perturbateurs *.

Il a donné une remarquable & forte preuve de sa résolution dans la derniere conjuration découverte de *Drouet* & *Babœuf*. Il avait sondé le plan de conjuration dans toutes ses parties, il avait suivi avec ses regards pénétrans les démarches les plus secretes des conjurés, il savait précisément l'heure destinée à l'exécution de ce plan de destruction, & il avait pris les mesures les plus vigoureuses pour le faire avorter ; alors ayant exposé au Directoire les projets des conjurés et ses contre-dispositions, il lui dit : " laissez sonner

---

* Il a été lui-même traité comme tel le 4 Septembre 1797. Il est déporté sans jugement. *Note du Trad.*

l'heure,

" l'heure, laissez éclater la conjuration, je
" vous réponds sur ma tête que si vous adop-
" tez les mesures que je vous propose, &
" si vous m'en laissez le maître, j'enleve-
" rai toute la bande des conjurés ; aucun ne
" m'échappera. Mes dispositions sont faites,
" elles ne peuvent pas manquer ; accordez-
" moi ma priere : si vous décidez différem-
" ment, si vous voulez que le plan soit dé-
" truit avant d'éclater, je prendrai bien quel-
" ques-uns des conjurés, mais ce ne seront
" pas les chefs, & la République ne parvien-
" dra pas encore à connaître tous ses enne-
" mis."

Il faut avoir entendu comme moi le récit
de toute cette avanture, de la propre bouche
de *Cochon*, & ses expressions énergiques, pour
admirer toute l'audace de ce ministre. Les
Directeurs considérant cette affaire avec
moins de vivacité, admirerent la résolution
& la grandeur de son plan ; mais son exécution leur paraissant trop grande pour le repos
public & pour leur propre sûreté, ils refuse-
rent d'adopter ce hardi projet. *Cochon* avait

Tome I.   R

eu raison : les conjurés que l'on arrêta étaient des hommes sans conséquence, le brouillon & stupide *Drouet* & le brétailleur *Babœuf*; mais on manqua les vrais chefs de cette conjuration, . excitée par l'influence étrangere pour détruire la constitution actuelle, conjuration, au reste, qui par ses fausses dispositions & par le mauvais choix de ses agents, ressemble à tant d'autres trâmes ourdies en pays étranger contre la France.

Un des traits du caractere gai de *Cochon*, c'est que pour occuper cette société du bon ton, qu'on désigne sous le nom de *Légion*, il leur donne son propre nom à ridiculiser, comme on jette un os à un chien pour se garantir soi-même de ses morsures, & il rit lui-même des plaisanteries sales & plates, dont son nom seul est le sujet : on lui demandait un ordre contre le jeu de ballon dans les rues, qu'il accorda, & en même tems une défense de laisser les cochons courir librement ; il refusa, en disant, *parce que les cochons ne respecteraient pas l'ordre de Cochon.*

Le ministre de l'intérieur, *Bénézech*, s'attire la considération & l'attachement universels par ses connaissances littéraires étendues & par son zele actif, dans l'appui qu'il donne, sous l'inspection de *la Réveillere*, aux sciences, aux arts & aux inventions utiles ; par le goût qu'il déploye dans les fêtes publiques & dans les cérémonies d'état, & par sa sage administration, qui le garantit de toutes les chicanes & les attaques des journalistes, qui ne trouvent pas son patriotisme assez éclatant. *Bénézech* est aimable, éloquent, très-affable envers les étrangers, & recommandable à tous les instituts des sciences & des arts de Paris, comme membre & comme protecteur.

L'activité & la connaissance de son département distinguent le vice-amiral *Truguet*, ministre de la marine. De sa personne il est très-intéressant & très-aimable en société. Si la réputation de la marine républicaine ne répond pas à son zele, cela dépend de beaucoup de causes, auxquelles ni lui, ni les mains les plus expérimentés ne peuvent apporter de remede. Et ils ont guillotiné le noble d'*Estaing*, leur plus grand officier de mer !

On entend à peine parler du ministre de la guerre, *Pétiet*, qui doit avoir des connaissances militaires. Le nom seul de *Carnot* brille dans ce département, & il suffit que son commis, le ministre, sache copier exactement & mot à mot ses ordres & ses plans *.

Malgré les qualités avantageuses des sept administrateurs actuels de la France, qui semblent promettre son bien être, les plaintes sur la lenteur des affaires, sur la légereté de l'administration, sur les retards des décisions du gouvernement, sur la négligence de l'observation des lois, sont exprimées hautement & généralement. Il faut attribuer une partie de ces plaintes, principalement, à la déraison des critiques & au peu de prévoyance de ceux qui ne calculent pas les difficultés d'un grand état, nouvellement orga-

---

* *Pétiet* est un très-honnête homme, bon administrateur, & connaît parfaitement les détails des armées. *Note du Trad.*

nisé, dans une position aussi critique, à l'inexpérience de la plûpart des agens du gouvernement & de leurs subordonnés, dans la forme & le fonds d'administrations aussi importantes que compliquées, & à la lenteur nécessaire de la marche ferme & solide de cette grande machine de l'état, qu'on ne doit attendre que du tems, de l'habitude & de la simplification des affaires.

Quelque clair & vrai que soit ce principe, cependant une partie de ces reproches atteint justement ces ministres, tant pour le choix des chefs de leurs bureaux & des différentes sections de leur administration, que pour la vicieuse organisation de ces mêmes bureaux. On ne peut pas se faire une idée de l'ignorance, de la paresse & de la corruption de cette énorme quantité d'employés depuis les commis des bureaux, jusqu'aux plus basses classes de l'administration. Par la ruine des finances, la solde des chefs & de leurs commis est très-médiocre. Lorsque le cours du louis-d'or montait à six mille francs en assignats, les premiers ne recevaient par mois que sept mille, les derniers de trois à quatre mille ; à peine cela suffisait-il pour les rassasier de pain ; ce qui ouvrait la porte à l'agiotage, & favorisait les tromperies cachées des employés. Que restait-il au fonctionnaire qui avait consacré toutes ses forces à l'état, dont il ne retirait pas même l'entretien nécessaire, que le découragement & l'inactivité, qui en résultent ? Une partie des sous-ordres dont le gouvernement est directement environné & d'autres employés dans les différentes administrations des départemens sont tombés dans une profonde immoralité, qui est d'un bien funeste présage pour la durée de la République, si le gouvernement & les chefs des administrations n'ouvrent pas les yeux, & s'ils ne se dépêchent pas d'éloigner de leur entour & des affaires publiques des hommes capables de vendre la patrie & de fixer effrontément le prix de la justice.

Une foule de plaintes, même des plus zélés républicains, & de citoyens tranquilles qui désirent ardemment la durée de la constitution actuelle, n'étaient jusqu'à présent que trop fondées ; mais on espere que le zele de Merlin procurera à l'avenir une meilleure administration. Ce vice, qui n'est que trop visible, ébranle, jusque dans ses fondemens, un nouvel état, formé au milieu des tempêtes : la négligence d'une justice active, sévere & égale pour conserver les droits des citoyens & pour la sûreté de leurs personnes & de leurs propriétés, mine cet édifice colossal, & doit nécessairement entraîner sa chûte.

SIEYES.

MES momens sont ceux d'un paresseux ;
me répondait cet homme remarquable, lorsque je lui fus présenté par *Grégoire*, membre
de la seconde classe de l'Institut National,
dont *Sieyes* était président. C'est la réponse
qu'il fit sur ce que je lui dis que je ne lui
avais pas encore fait de visite pour épargner
ses momens précieux. Sans croire *aux momens paresseux de Sieyes*, je regardai sa re-
partie comme une invitation, & j'allai le
lendemain matin chez lui.

De combien de fables, d'injures, de calomnies, l'existence politique de cet homme n'a-
t-elle pas été l'objet ! N'a-t-on pas dit que le
plus fort appui du peuple, il a détruit la
noblesse ? N'a-t-il pas été l'agent d'*Orléans ?*
L'agent d'*Orléans !* & le *faiseur* de *Robespierre !* Ces extravagances, ces contradictions,
dont on le charge, sont bien dans le goût de
cette caste jadis puissante, dont il a préparé
la chûte, qui, comme il le dit lui-même, ne

lui pardonnera jamais, mais qui travaille en vain pour le faire sortir de son équilibre.

Sieyes, après avoir été si actif, vit à présent dans un loisir philosophique, au milieu d'un très-petit cercle d'amis ; il est devenu observateur tranquille de la position & des événemens de la France. Aurait-il pu prévoir la tournure que prendrait cette grande catastrophe ? *La Révolution Française*, me disait-il, *était une si belle chose ; mais des hommes pervers s'en sont mêlés.* Cette phrase qui n'eût été qu'un lieu commun dans toute autre bouche, était remarquable de sa part, d'autant plus que ce n'était pas une réponse à aucune question que je lui eusse faite. Elle n'est cependant pas plus une marque de son mécontentement sur la crise actuelle, que son refus d'être membre du Directoire n'est une preuve qu'il blâme la constitution présente. Car ce refus avait des causes très-différentes & très-simples.

Je fus introduit, sans être annoncé, dans une chambre médiocrement meublée au troisieme étage, mal éclairée par une seule fenêtre donnant sur une cour, où je trouvai *Sieyes* se promenant en long & en large en robe de chambre & en bonnet de nuit. *Les moments d'un paresseux* me revinrent à l'esprit : mais en ne les peut pas regarder comme tels, & j'estime autant *Sieyes* se promenant dans sa chambre au milieu de ses réflexions qu'un ministre travaillant à son bureau. Des livres jettés çà & là sur sa table avec quelques papiers : un bonnet hongrois, garni d'un bord & d'un houpe d'or, tel que les députés les portaient dans leurs missions ; le grand sabre du même costume, étaient attachés à la muraille, & derriere son fauteuil, près de la cheminée, un profil de *Voltaire* en cire assez mal travaillé.

La conversation avec Sieyes n'est pas pénible. Il se laisse aisement pénétrer : & son langage animé par lequel il explique tout avec une clarté philosophique & avec une grande connaissance des hommes, étincelle d'idées neuves. On parle de l'extérieur repoussant de cet homme ; plusieurs étrangers se sont plaint à moi de son laconisme affligeant, de sa mauvaise humeur & même de son impolitesse. Dans plusieurs visites que je lui ai faites, je n'ai pas eu à m'en plaindre. Un homme, d'ailleurs très-estimable, prévenu contre lui, me demandait un jour : *que vous a dit l'ours ?* je ne pus que lui répondre : *connaissez-vous l'homme ?* Il y a cependant eu dans nos conversations des moments, que je n'oublierai jamais, mais d'après lesquels je ne me permettrai pas de le juger, où ses décisions tranchantes, ses reproches & ses assertions passionnées & violentes me portaient à me demander à moi-même : est-ce bien là cet homme qui avec tant de force & de noblesse s'écriait dans la Convention : *ils veulent être libres, & ne savent pas être justes ?* Mais ces sorties étaient occasionnées par des causes individuelles & des motifs personnels, que je dois taire ; & même dans ces moments de bourasque son ame redevint calme, & l'homme, en prenant un ton plus posé, me parut vouloir adoucir l'impression que faisaient sur moi ces écarts violents.

Une grande énergie dans la marche propre de son jugement sur les circonstances de la

politique générale de l'Europe ; un développement lumineux de la situation actuelle des
différens états ; une décision hardie sur les
nouveaux rapports extérieurs de la République
Française ; un coup-d'œil prophétique sur
ses transactions avec les puissances étrangeres ;
telle est fonds & le caractere principal des dé-
veloppements de *Sieyes* dans plusieurs conversations que j'ai eues avec lui, que des consi-
dérations particulieres m'empêchent de pub-
lier. Le regard de ses grands yeux noirs est
ferme, sa voix, quoiqu'avec une poîtrine
faible, qui l'empêche de parler en public, est
pleine & forte dans sa chambre, & dans le feu
de la conversation, ses mouvemens sont
brusques, son visage pâle s'anime & est plein
d'esprit.

Sieyes parle avec une connaissance très-
étendue de la littérature en général, & avec
estime de la littérature Allemande ; mais je ne
lui ai pas trouvé pour cette derniere une prédilection aussi marquée, ni une aussi grande
instruction que plusieurs Allemands lui at-
tribuent : il m'a dit lui-même que comme il

n'entend pas l'Allemand, il ne connaît que quelques traductions & quelques extraits de nos auteurs.

Dans une séance de l'Institut National, *Camus* ayant proposé de trouver des moyens de rapprochement entre la littérature Française & l'Allemande, & un projet de communication entre les savans de la France & de l'Allemagne, j'en témoignai ma joie à *Sieyes* qui me répondit : *je m'en réjouis aussi, il est bien tems que nous en occupions sérieusement.* Mais il sourit à mes questions sur ses correspondances directes & sur ses liaisons avec des savans & des philosophes Allemands, & il me nia l'un & l'autre. *On a tant répandu, on a tant parlé,* me dit-il, *& on a grand tort ; je vis tranquille, & je voudrais pouvoir vivre ignoré. Vous avez toute facilité,* ajouta-t-il avec une tournure délicate, *pendant votre séjour à Paris de distinguer la vérité du mensonge : détruisez dans votre patrie tous les faux bruits, qui alterent la vérité, & égarent l'opinion publique.* Comme j'excusais les récits qu'on faisait sur son compte, en disant qu'il était naturel qu'on s'occupât dans les pays étrangers du personnel des hommes qui avaient été utiles dans la grande affaire de la révolution ; ce fut alors qu'avec une expression très significative, il me dit cette phrase profonde : *Oui, c'était une belle chose, mais les méchans s'en sont mêlés.* A propos de l'écrit de *Kant* sur la paix perpétuelle, dont il connaissait des extraits, il me dit, *on n'appellera pas au conseil des Rois l'auteur du projet d'une paix perpétuelle, & peut-être est-ce sa vieillesse qui le garantit d'être maltraité pour un pareil écrit.*

Sieyes manque rarement les séances du Conseil des Cinq-Cents, mais quand les délibérations ne sont pas très-importantes, je ne l'ai jamais vu y rester plus d'une demie heure. Il ne parle plus du tout à la tribune, mais il paraît quelquefois dans les comités secrets comme rapporteur de la commission chargée de l'examen des traités de paix. Dans les séances du conseil, importantes ou non, il se renferme en lui-même avec une contenance philosophiqe, ou il lit quelque papier. Même pendant les débats orageux du 23 *Germinal*, je le vis rester assis avec une indifférence marquée, & lorsque le tapage était le plus fort, il parcourait tranquillement avec sa lunette les endroits les plus éloignés de la salle.

Son amour pour la tranquillité d'une vie contemplative, pour la liberté illimitée dans ses travaux, pour les commodités qu'exige sa santé chancelante, qui lui donne de l'aversion pour toute représentation, est la vraie cause de son refus de la place de directeur. On donne aussi pour cause seconde sa répugnance personnelle pour *Rewbell*.

L'été dernier on a répandu dans les gazettes Allemandes une imposture atroce pour jetter un faux jour sur le caractere de *Sieyes*. On a imprimé qu'en faisant le rapport du projet de paix avec la Sardaigne, il avait dit à la tribune du conseil des Cinq-Cents, qu'il fallait que le Roi parût à la Barre, & se prosternât pour demander la paix en suppliant. Voici tout ce que j'ai pu trouver sur l'origine de ce propos architerroriste. Un journal de Paris, &, quoique je ne cite que de mémoire, comme je la crois fidele en cette circonstance, c'est *Rœderer*, discutant le pour & le contre de la paix de Sardaigne & analysant les diverses opinions du public, s'est exprimé ainsi : " il " existe encore parmi nous des terroristes fu- " rieux, qui trouvent ce traité trop doux, & qui " auraient voulu voir le Roi en personne à la " barre de l'Assemblée Législative demander " la paix à genoux." Je ne connais aucune autre suggestion, même éloignée, qui ait pû être employée par la plume envenimée de quelque correspondant de Paris, pour attribuer à *Sieyes* cette anecdote odieuse, dont je n'ai jamais entendu parler à Paris.

Plusieurs journaux de Paris ont fait encore un autre conte, qui m'eût fait de la peine, si je n'avais pas sû de source qu'il était sans fonde- ment, quoique même en supposant qu'il fût vrai, d'un autre côté *Sieyes* n'eût pas été com- promis. Ils racontent qu'on avait trouvé le nom de *Sieyes* dans plusieurs papiers relatifs à la conjuration de *Drouet*, sur quoi le *Direc- toire* l'avait chargé de comparaître ; qu'il s'était présenté, & que le président lui avait

produit

produit les pieces, en le sommant de se justi-
fier ; qu'après avoir écouté la lecture avec un
grand calme, il s'était levé, & avait répondu,
dans le sens de *Scipion : est-ce là tout ce que
vous avez à me dire ? je n'ai rien à vous répondre* ; & qu'il était sorti : cette anecdote est,
fausse. Le nom de *Sieyes* ne se trouve nulle
part dans cette misérable, honteuse & absurde
conjuration. J'ai vu une liste alphabétique
authentique de tous les noms compris dans les
pieces de ce complot, & il n'est pas venu sous le
sens des ennemis les plus acharnés de *Sieyes* d'y
chercher, & encore moins d'y trouver, le sien.

Je peux garantir la vérité du fait suivant
que je tiens d'un de mes amis très-digne de
foi, qui était présent lorsqu'il s'est passé.
Robespierre dont le regard de faucon lançait la
mort sur quiconque s'attirait même le léger
soupçon de pouvoir nuire à ses plans d'ambition, se contentait à l'égard de *Sieyes* de le
faire observer avec soin. Celui-ci, pour se
soustraire au bras de fer du tyran, sous lequel
tout pliait, s'était éloigné de toute participation des affaires, & observait un silence ri-

goureux. *Robespierre* se servait de tous les moyens pour avoir les traces de ce que pouvait écrire *Sieyes* ; il y employait *l'ouverture de lettres*, cette invention de l'école des Jésuites, si commodément employée par l'autorité arbitraire sous le prétexte de *raison d'état*, pour connaître les secrets des particuliers, mesure tyrannique dans laquelle le dictateur a eu bien des prédécesseurs & trouvé bien des imitateurs. Toutes les lettres adressées à *Sieyes* furent ouvertes par ordre du dictateur. *Sieyes*, dans une conversation avec un Allemand de ses amis, avait exprimé le désir d'avoir un apperçu sur le nouveau système de la philosophie de *Kant*. Son ami avait écrit à son frere, un savant d'une des Universités d'Allemagne, qui ayant plus de facilité à exprimer des idées philosophiques en Latin qu'en Français, avait fait un extrait Latin des principes du système de *Kant*, & l'avait adressé dans une lettre à *Sieyes*. Cette lettre arriva, & fut ouverte au bureau de la police. Une lettre Latine, de plusieurs feuilles, à *Sieyes*, & du pays ennemi ! là-dessous sont cachés des secrets, peut-être même un complot de conjuration. C'est ainsi que pensa la pénétrante diplomatie, & la lettre importante passa dans le comité révolutionnaire. Ce conseil de la haute sagesse l'examina, n'y comprit rien, & méprisa la langue des pédans. On assemble tous les maîtres d'école les plus habiles. On lit, on relit, on dispute long-tems sur le contenu de cette lettre singuliere. On traduit bien les mots, mais on ne peut ni traduire, ni comprendre le sens ; non, non, s'écria quelqu'un, ces caracteres nous trompent, je vois ici le chiffre d'un secret dangereux. Enfin dans la minorité de cet Aréopage, se trouve un sage qui parvient à traduire intelligiblement quelques passages, & le grand secret est découvert. Il est prouvé que la lettre ne contient aucun plan contre-révolutionnaire, mais que le langage philosophique est neuf, le sens peu compréhensible & la matiere assez obscure *.

* Il faut observer pour la France que *Kant*, professeur à Kœnigsberg en Prusse, un des philosophes les plus éclairés de ce siecle, a trouvé & publié un nouveau systême de philosophie dans lequel, comme dans tous

La lettre dont le contenu avait brisé tant de fortes têtes est recachetée & renvoyée à son adresse.

ses écrits fondés sur ce système, il s'exprime en termes nouveaux & très-différens du langage philosophique ordinaire, qui ne sont pas compris même de beaucoup de philosophes en Allemagne, où il y a beaucoup d'antagonistes de ce système de *Kant*.   N. DE L'AUTEUR.

L'ESPRIT

L'Esprit Public et l'Esprit du Jour.

LE mot *esprit public* est un son bruyant sans signification à l'égard de la plus grande masse des habitans de Paris, de cet amas de contradiction perpétuelle, d'égoïsme, de cupidité, de plaisir bruyant, de joie futile, & comme Mercier l'appelle, mais avec vérité, de ce cloaque de l'immoralité du peuple.

Je n'aurais donc rien à dire sur ce mot, s'il n'y avait pas à excepter de cette regle générale la classe intéressante & respectable des savans. Je n'oublierai jamais les jouissances que j'ai retirées de la fréquentation de plusieurs dignes personnages de cette classe, chez laquelle regne le véritable esprit public. Animés par ce grand principe, ils suivent un but commun pour le maintien de la Constitution, l'obéissance aux lois, le perfectionnement des sciences, l'accroissement des arts & de l'industrie.

Depuis que les cinq hommes qui tiennent le gouvernail de l'Etat, & plusieurs membres des deux Conseils, qui sont connus comme savans, jusqu'aux collaborateurs des Instituts littéraires de toute espece, dont je parlerai, on trouve cet esprit public répandu dans la classe des savans, que je regarde à juste titre comme la partie la plus estimable de la société de Paris. La plûpart ont fait à la Révolution de très-grands sacrifices, les uns ont perdu de grands biens, les autres des pensions considérables de la Cour, la plûpart ont été réduits, par les payemens en papier, à manquer, ainsi que leurs familles, des besoins les plus nécessaires, à la privation de toutes les commodités & les jouissances de la vie; & cependant dans ces dures extrémités, toujours semblables à eux-mêmes, au-dessus de leur sort malheureux, méprisant les hasards de la vie, dont l'ame du sage est indépendante, ils ont tout surmonté par leur propre force.

Un sentiment profond pour la vraie liberté; une adhésion franche & sans flatterie au régime actuel: une grande activité pour soutenir tous les moyens utiles, tout le bien que veut fonder le gouvernement; une volonté grande & désintéressée pour entreprendre tous les travaux qui concourent au bien public ; une concurrence zélée pour le perfectionnement des sciences & des arts ; une recherche constante de nouvelles inventions qui puissent accroître la gloire & le bien-être de la Patrie : jointe à une véritable urbanité dans la société, un accueil agréable & serviable pour les étrangers, une estime marquée pour le mérite ; tel est l'ensemble du grand caractere que j'ai reconnu dans la plûpart de ces hommes respectables par leur profonde instruction & leurs vertus sociales. Dans la suite de ces fragmens, j'aurai souvent occasion de parler en général de cette classe excellente, & particulierement de quelques-uns qui me sont devenus chers par leur société & leur bienveillance, & en leur rendant hommage sans flatterie, je suivrai autant mon amour sincere pour la vérité que ma reconnaissance.

D'ailleurs, ce n'est pas chez les Parisiens qu'il faut chercher l'esprit public. Je n'ai pas voyagé dans les départemens intérieurs. Puissent-ils fournir beaucoup d'hommes animés de cet esprit! Je le souhaite ardemment, parce que je souhaite le bonheur de cette belle contrée, la durée du gouvernement actuel, & la réunion de toutes les volontés à la constitution républicaine. Mais la frivolité & le vil intérêt du plus grand nombre en souffrent trop, & c'est là, pour la plûpart, la cause de la paralysie pour le bien, & de la mort de l'esprit public.

Mercier, qui depuis tant d'années observe si bien & décrit avec tant de feu, écrit à présent un nouveau Tableau de Paris depuis la Révolution, & sur l'esprit du jour : cette source inépuisable d'objets, qui certainement ont très-peu de liaison avec la dignité de l'homme.

J'extrairai seulement de mon Tableau quelques traits d'après lesquels Paris républicain, à quelques nuances près, ressemble à Paris capitale d'une Monarchie. Le tout est une peinture très-violente du luxe le plus destructeur, de la plus profonde immoralité, des plaisirs brutaux & d'un attachement insatiable à l'échange perpétuel de tous les genres de volupté. Quel présage pour une République dont la vertu, la pureté & la simplicité des mœurs devraient être le plus ferme appui!

Le trait que je veux exposer ici, comme témoin, concerne la bonne compagnie actuelle, ou plutôt la classe que l'on nomme la compagnie du bon ton, mais dans le fait la plus mauvaise compagnie du plus mauvais ton, c'est-à-dire les nouveaux riches, productions éphémeres de la Révolution, les agioteurs, les fournisseurs des armées & leur sequelle. Ce sont eux qui dans Paris jouent le premier & le plus brillant rôle, au moyen des richesses qu'ils ont amassées des débris des finances de la France, par l'agiotage & par le brigandage sur la Nation. Les hôtels de ces capitalistes, leurs maisons de campagnes, leurs repas sont surchargés de la bouffissure du luxe. Un orgueil boursoufflé, une grossièreté dégoûtante sont les signes caractéristiques de l'origine & du métier de ces mignons de la fortune. Le luxe dans lequel se vautrent ces hommes pervers, en bravant la Nation, est d'autant plus insensé, qu'il paraît chercher à réveiller l'attention universelle, & qu'il semble provoquer la justice, dont le glaive atteindra un jour ces spoliateurs & dissipateurs des propriétés nationales. Et, qui le croirait ? ces hommes qui doivent tout à la Révolution, sont, ainsi que la sequelle de leurs flatteurs & de leurs parasites, les plus francs aristocrates. Voilà ce qu'on trouve à présent partout dans ce qu'on appelle à Paris la compagnie du bon ton. Dans leurs cercles, où ils jouent les protecteurs, ils s'élevent perpétuellement, avec une critique amere & des sarcasmes malins, contre la Constitution actuelle, contre la conduite du gouvernement & contre les personnes qui le composent. Ils les nomment avec mépris : *Certaines gens, mauvaise compagnie, des gens qu'on ne voit pas,* &c. &c.

Quiconque se présente fourni d'anecdotes scandaleuses, de railleries mordantes contre les Directeurs, les Ministres & les Représentans, est leur homme. Rien n'est plus ennuyeux & plus insupportable que la conversation de leurs tables surchargées de mêts. On n'y parle que du service somptueux, des talens éminens de leurs cuisiniers pour inventer & préparer de nouveaux ragoûts, du prix inestimable des vins qui remplissent leurs caves, de la magnificence des repas donnés & rendus. A chaque service,—& qui peut les compter ! pétille dans des verres de cristal une nouvelle sorte de vins. Ici, brille du vin du Rhin, & l'amphitrion jure par tous les diables qu'il a vieilli cent cinquante ans dans la cave de l'Electeur de Mayence. Ce *Tokai*, s'écrient les parasites, est un présent envoyé par *Joseph Second* à *Louis XVI*. Tantôt le maître de la maison accable des injures les plus grossieres la foule de valets qui assiégent sa table, parce qu'ils ont manqué à la symétrie du service ; tantôt il maudit le cuisinier, parce qu'il a manqué un plat. On est suffoqué par la violence qu'on vous fait pour boire & manger, par les éloges excessifs de la bonne chere & du vin.—Je viens de tracer d'après nature cette haïssable société qui m'a fourni l'original de cette esquisse.—Un rire bruyant éclate à chaque bout de la table—de quoi est-il question ?—Comment ne le devinez-vous pas ?—C'est une dégoûtante plaisanterie sur le gouvernement. Un des convives se plaint de la saleté des rues. *Voilà*, répond un autre, *les cochonneries de monsieur le cit. Cochon.* Non, s'écrie un troisieme, on ne doit pas se plaindre, les rues doivent être plus propres que jamais, *parce que les cochons mangent la merde.*

Loin de nous cette sale compagnie, retournons au petit nombre des citoyens paisibles & honnêtes de Paris, à cette classe précieuse d'hommes vertueux, raisonnables, de bonnes mœurs, heureux chez eux & dans leurs cercles bornés, dont j'ai appris à connaître plusieurs familles dans mon premier séjour à Paris, & que j'ai retrouvés & reconnus au bout de douze ans. Cette classe, vraiment noble, vit encore retirée & tranquille avec une fortune peu brillante. L'orage révolutionnaire a atteint aussi leurs cabanes, mais ne les a pas renversées. Leur petit avoir a souffert, mais ils ne sont pas entierement dépouillés. Bien éloignés de l'avarice, ils ont borné leur ambition à conserver leur médiocre propriété.

Ils se reposent sur l'état actuel des choses, pleins d'horreur contre le renouvellement des scenes révolutionnaires, ils souhaitent la durée du gouvernement actuel, qu'il se fortifie & se perfectionne. Ils soutiennent & cultivent ses institutions utiles. Ils attendent du retour de la paix le rétablissement de la prospérité intérieure & des finances, la révivification du commerce & de l'industrie. Heureuse la France si la masse de ses citoyens ressemblait à ce petit nombre d'hommes purs ! On fait tort à la Nation entiere & à cette classe d'hommes excellens, en les confondant avec les autres Parisiens, & c'est ce qui depuis la Révolution a tant égaré l'opinion sur le peuple Français, & a occasionné tant d'injustes jugemens sur son caractere.

CONJURATIONS.

LA plus obscure incertitude regne encore sur les circonstances, préméditées ou de hasard, qui ont fait coïncider l'époque où devait éclater cette extravagance contre-révolutionnaire, *la conjuration de Drouet & Babœuf*, avec la rétractation de la part des Autrichiens à l'armistice sur le Rhin. A juger d'après les faits connus, le plan des conjurés était trop peu réfléchi & trop mal arrangé pour être dangereux au régime actuel, quand même on en serait venu au fait. Tout le plan des conjurés était assis sur le succès d'une attaque par surprise, sans point de réunion, ni dans Paris, ni dans les départemens, & sans chef assez habile pour conduire une contre-révolution. *Drouet* est un brouillon insignifiant, sans vues, plus étourdi que dangereux, *Babœuf* est un insensé, qui heurte sa tête contre les murailles. Il eût fallu bien d'autres talens que ceux de ces hommes & de leurs adhérens pour projetter &

exécuter un plan capable de battre un gouvernement aussi fort & aussi vigilant, & de
détruire la constitution.

On ne peut pas nier l'intelligence de toutes
les conjurations nouvellement découvertes
avec l'étranger, & surtout avec une partie
très-active des émigrés. Quelque opposé que
soit l'intérêt des anarchistes dans l'intérieur
& des émigrés, au dedans & au dehors de la
France, ces deux partis esperent cependant
par une réunion d'action, arriver chacun à
leur but différent. Le parti opposé à la présente constitution, qui a fondé celle monstrueuse de 1793, espere par cette réunion
de forces, rétablir l'anarchique gouvernement
révolutionnaire, & écraser ensuite facilement
ses alliés. Ceux-ci sont convaincus que la
nation, par horreur pour l'anarchie & le systême de la terreur, ne supporterait pas le
succès des anarchistes, dont la chûte prompte
aménerait le rétablissement de la royauté.

La vigilance du gouvernement avait découvert un des points de réunion des anarchistes & des émigrés dans un canton Suisse,

où un bureau de correspondance était ouvert, & s'était établi avec la France d'une maniere très-active. L'argent pour la conduite du plan des conjurés & pour la corruption d'un parti populaire était introduit dans des essieux & des timons creux. On avait corrompu des employés pour favoriser la rentrée en France des principaux agents des émigrés avec de faux baptistaires & de faux passeports. Cette tromperie avait ouvert aux émigrés la route de Paris pour pouvoir s'aboucher, & ils retournaient en Suisse sans empêchement. Quelques commandans étaient gagnés : *il est à nous*, est-il dit dans une lettre surprise du Prince de Condé à ses agents de l'intérieur. *Ils sont bons :* dit une autre lettre en style laconique & mystérieux, en parlant des employés aux frontieres. Ce ne sont point là des chimeres politiques que l'on attribue au gouvernement pour déprécier son énergie & sa vigilance ; j'ai moi-même vu les pieces originales à la source même. La conjuration qui fut éventée devait éclater en Février 1796. Mais on cacha même cette découverte,

verte, & la Police se contenta de renforcer ses mesures & de redoubler sa vigilance.

A la découverte de la conjuration de *Drouet*, on trouva plus de cent mille copies imprimées d'une proclamation, qui commençait par ces mots, non équivoques : *les tyrans ne sont plus* ; & des étendarts rouges avec l'inscription : *Peuple, reprens tes droits !* Les conjurés s'assemblaient tous les jours, seulement une heure, & dans des maisons différentes, tantôt dans le centre, tantôt dans les fauxbourgs divers de la ville, pour cacher leurs traces par cette variation perpétuelle. Le vigilant ministre de la police les avait déjà découverts, & suivait tous leurs mouvemens. Il savait le jour & l'heure où la révolte devait éclater. La cloche avec laquelle, à la pointe du jour, dans chaque section, un valet de Police avertit pour l'enlevement des boues des rues, était le signal, qui devait appeller tous les conjurés à leurs postes. Ce signal général & immanquable, par lequel la Police elle-même, sans le savoir, devait appeller les conjurés pour renverser le gouvernement,

Tome I.   T

n'était pas mal calculé. En esquissant le portrait du ministre *Cochon*, j'ai rendu compte de son plan hardi pour s'emparer à la fois de tous les conjurés, que le Directoire n'a pas voulu adopter.

L'impression qu'a faite la découverte de cette conjuration, a été moins grande dans Paris, qu'on n'aurait dû l'imaginer, & beaucoup plus faible qu'en pays étranger. La grandeur immense de cette ville, où souvent dans un quartier on n'apprend que par la gazette un tumulte qui se passe dans un autre ; la légereté des Parisiens ; l'indifférence des uns, l'incrédulité des autres sur ces scenes d'horreur dont le peuple est profondément ennuyé ; la confiance des citoyens paisibles dans les mesures fermes du gouvernement contre les perturbateurs ; voilà les causes de la légere sensation que cette affaire a produite dans Paris. On lut, & on causa de cet événement comme d'une nouvelle du jour, & peu de jours après on n'en parla plus. Les colporteurs crierent la *grande* nouvelle du développement détaillé de la conjuration, & les feuilles périodiques qui le contenaient furent parcourues dans les caffés avec beaucoup d'indifférence, ou même avec mépris.

Les opinions sur la punition de *Drouet* étaient très-partagées. Il aurait dû vraisemblablement être condamné à la déportation, si par une très-grande modération, on ne lui avait pas laissé une ouverture pour fuir de la prison, parce qu'on ne le regardait que comme un brouillon peu dangereux.

Après la découverte de cette conjuration, le Directoire prit des mesures d'une apparence très-sévere, pour éloigner de Paris tous les membres des ci-devant comités & tribunaux révolutionnaires & tous les étrangers. Cette rigueur en faveur des derniers fut occasionnée par quelques centaines d'intrigans & d'hommes suspects, qui vivaient à Paris sous différens déguisemens, entr'autres une foule d'Anglais qui se donnaient pour Américains. Je me trouvai chez *Sieyes* le jour que parut ce décret de bannissement qui atteignait beaucoup d'étrangers paisibles, & comme je m'en plaignais ; que voulez-vous faire, me dit-il, quelques coquins en sont la cause, & beaucoup d'honnêtes gens en souffrent.

La loi fut d'abord exécutée avec rigueur. L'épouvante opéra d'abord : ceux qui se sentaient coupables s'enfuirent, & un grand nombre d'étrangers sans aveu abandonnèrent Paris de peur d'être arrêtés. Huit jours après la proclamation de la loi, soixante & deux mille étrangers s'étaient présentés devant le bureau de la Police & le Directoire, pour en être exemptés, & avoir la permission de rester à Paris. Mais après un examen sévere, il n'y eut pas la dixieme partie de ces solliciteurs qui obtinrent une réponse favorable. Ceux à qui on l'accorda se pourvurent au bureau central du ministre de Paris d'une carte d'étranger, ou d'un *bon* pour rester à Paris.

Ce bureau central envoya à tous les étrangers qui demeuraient à Paris, sans exception, d'après une liste alphabétique de leurs noms, une lettre imprimée, par laquelle il lui ordonnait d'obéir à la loi & de s'éloigner de Paris. J'obtins sans difficulté par le ministre

des affaires étrangeres la permission du Direc‑
toire de rester à Paris.

Les sollicitations les plus pressantes des ministres étrangers en faveur de plusieurs personnes furent souvent rejettées. On facilita sous main le prompt retour de ceux qui n'étaient pas suspects, mais qui pour d'autres raisons n'avaient pas pu être soustraits à la loi, en fixant leur exil à dix lieues de Paris, avec permission de rapporter au bout de quelques jours un certificat de résidence de l'endroit où ils s'étaient arrêtés, au moyen duquel ils étaient admis à Paris sans aucune difficulté.

A cette occasion beaucoup d'étrangers tomberent dans les mains perfides de filoux, canaille qui à Paris s'attache à la ruine des honnêtes gens, & surtout aux nouveaux arri‑ vés, qui ont affaire au gouvernement. Avant que ces étrangers connaissent le Pays, & par un accès personnel avec le Directoire & les ministres, aient éprouvé la franchise en affaires de ces hommes honnêtes, ces marauds les circonviennent pour les attrapper par l'éta‑

lage de leur crédit. Le décret contre les étrangers leur produisit une abondante moisson. En se faisant payer d'avance, comme cela s'entend, ils tirerent de grosses sommes des crédules étrangers, en leur promettant de leur obtenir, par leur crédit auprès des Directeurs & des ministres, la permission de rester à Paris. Elle n'arriva pas, & les fripons disparurent.

Pour couper court à ce désordre, le Directeur *Carnot* prit le parti de démentir très-durement dans une feuille officielle, certaines personnes qui se vantaient d'avoir du crédit auprès de lui. Honneur à l'homme, qui dans le plus important de tous les emplois publics, se montre avec une franchise aussi noble !

FIN DU TOME PREMIER.